南京大学管理学院学术文库/主编　王跃堂

国家自然科学基金青年项目"'瑕瑜互见，长短并存'：建言习惯的双刃剑效应机制及边界条件研究"（项目编号：71902084）资助

任务互依性对员工建言行为的中介调节机制研究

The Mediated Moderation Effect
of Task Interdependence
on Employee Voice Behavior

李　嘉　著

 南京大学出版社

图书在版编目(CIP)数据

任务互依性对员工建言行为的中介调节机制研究 /
李嘉著. — 南京：南京大学出版社，2019.11
(南京大学管理学院学术文库 / 王跃堂主编)
ISBN 978 - 7 - 305 - 07624 - 4

Ⅰ. ①任… Ⅱ. ①李… Ⅲ. ①企业管理－人事管理－
研究 Ⅳ. ①F272.92

中国版本图书馆 CIP 数据核字(2019)第 192823 号

出版发行　南京大学出版社
社　　　址　南京市汉口路 22 号　　　　邮　编　210093
出 版 人　金鑫荣

丛 书 名　南京大学管理学院学术文库
书　　　名　**任务互依性对员工建言行为的中介调节机制研究**
著　　　者　李　嘉
责任编辑　皋　岚　束　悦　　　　　编辑热线　025 - 83686308

照　　　排　南京南琳图文制作有限公司
印　　　刷　南京爱德印刷有限公司
开　　　本　718×1000　1/16　印张 10　字数 152 千
版　　　次　2019 年 11 月第 1 版　2019 年 11 月第 1 次印刷
ISBN 978 - 7 - 305 - 07624 - 4
定　　　价　45.00 元(精装)

网　　　址　http://www.njupco.com
官方微博　http://weibo.com/njupco
官方微信　njupress
销售热线　025 - 83594756

编 委 会

主　编　王跃堂

副主编　刘春林　王全胜

编　委　贾良定　陈冬华

　　　　陈　曦　张正堂

总　序

　　《南京大学管理学院学术文库》(简称《文库》)是由南京大学管理学院组织相关学者撰写的一套管理学丛书。南京大学管理学院从2019年开始,计划每年出版若干部高水平管理学著作,向全社会展现南京大学工商管理学科的最新成果,以期对中国的工商管理理论研究以及企业发展做出应有贡献。

　　南京大学管理学院目前设有工商管理系、会计学系、营销与电子商务系、人力资源管理学系4个系,同时设有整合全院研究力量的企业战略研究所、人力资源战略研究所、市场研究与咨询中心等研究机构。企业管理于2002年获评为国家重点二级学科;工商管理于2003年获评为江苏省一级学科重点学科,2011年获评为江苏省优势学科(第三期已立项);会计学二级学科于2003年获评为江苏省唯一的会计学省级重点学科。在第四轮学科评估中,管理学为"A"类学科。近年来,管理学院教师在管理理论、人力资源管理、企业战略与组织、技术创新、市场营销、会计学以及财务管理等领域开展了大量有价值的科学研究,在学术界产生了重要影响。2010年以来,学院教师承担了一百多项国家自然科学基金项目,发表了大批高质量的学术成果,获得了32项省部级以上科研或教学奖励。学院拥有国家精品课程4门、精品教材4部,教育部长江学者特聘教授2人,"万人计划"2人,"优青"2人,"新世纪人才"4人,"百千万人才"2人,"马工程"首席专家1人。

　　由于社会经济活动正在面临巨大的结构变革,进入21世纪的世界经济将会发生质的变化,这对工商管理的理论研究提出了新的挑战。为此,我们非常关注管理理论上的创新,《文库》中也体现了这方面的最新成果。比如,戴万稳老师的著作《危机管理之道》对危机管理的动态复杂性之谜进行探索,并在危机管理理论上形成一定创新。该书系统解析个体和企业已发生和正在发生的危机情境,带领读者以系统思维主动感知和认识自己身边的各种潜在危机信号,反思自己在过去的危机管理过程中的行动,审视自己在当下的危机应对过程中的策略,并针对未来可能出现的各种潜在危机制定和不断完善危机预案。

南京大学管理学院的学科建设不仅注重理论研究,而且更关注如何将研究成果运用于组织实践。《文库》也出版了具有组织实践价值和重要现实意义的研究成果。比如,冯巧根教授的著作《中国管理会计:情境特征与前景展望》对近年来管理会计研究成果进行总结与提炼,通过对管理会计情境特征的研究与探讨,结合中国经济社会转型与科学技术发展的实践,提出对管理会计未来发展的趋势判断及远景展望,为中国特色管理会计理论与方法体系的构建做出了贡献。近年来,互联网、大数据经济的崛起推动我国信息化建设迈向新的台阶,医院信息操作平台(HIS)、办公自动化系统(OA)以及以电子病历为核心建立临床信息系统(包括PACS、LIS、手术麻醉系统等)等的不断开发应用,在一定程度上提高了医院的工作效率和工作质量,并积累了大量有价值的医疗管理数据。吕伟老师的著作《医疗健康组织的绩效管理研究》探讨了如何在互联网技术环境下对医疗健康组织进行绩效管理,并提出基于信息系统按照事前预测、事中控制、事后管理,提供便捷完善的数据服务。

如果说,管理理论与实践的创新是工商管理学科发展的驱动力,那么不能忽视的另一种驱动力则是一些相近学科的发展,特别是经济学、心理学、社会学、数学等学科发展的最新成果都在管理学研究中得到了运用。南京大学管理学院将在未来几年里逐步推出一些具有学科交叉特色的研究成果,为工商管理学科的发展再添助力。

序 言

　　员工建言行为对组织的生存和发展都起到重要作用。许多企业都采取了一些有效措施,希望广开言路,鼓励员工积极建言献策。然而,员工常常对建言有所顾虑。许多员工明明意识到组织运行存在问题,相信自己可以提供有益的建议,却不敢说出实话,与领导者坦诚沟通。因此,如何鼓励员工建言行为是管理实践者的困惑所在。现有建言研究主要探讨员工个体因素、领导者因素及组织因素如何影响建言行为,很少关注工作本身特征对员工建言行为的影响;与此同时,这些研究多数基于社会交换理论视角,将建言行为视为他人导向的,较少地从自我导向视角探讨员工建言行为的产生机制。基于以上两点原因,本研究引入工作设计理论,从自我导向视角探讨建言行为的形成机制。具体而言,本研究选取描述工作社会属性方面特征的任务互依性作为前因变量,以描述员工自我导向的资源保存理论、工作要求—资源模型以及压力的交互理论为基础,检验一个任务互依性对员工建言行为的中介调节理论框架。

　　本研究选取问卷调查的方法,以某国有银行南京辖内网点员工为调研对象,通过多时间以及多来源收集了 435 份有效的样本数据。本研究在对样本数据进行信度、效度检验的基础上,运用 SPSS、LISREL、STATA 软件,通过层级回归、White 修正的聚类估计法来检验研究假设。结果表明:① 尽责性负向调节任务互依性与员工建言行为之间的关系,即这个关系对尽责性低的员工更为显著;② 神经质正向调节任务互依性与员工建言行为之间的关系,即这个关系对神经质高的员工更为显著;③ 尽责性正向调节任务互依性与情绪耗竭之间的关系,即这个关系对尽责性高的员工更为显著;④ 情绪耗竭对员工的建言行为有显著负向影响;⑤ 任务互依性和尽责性通过情绪耗竭的中介作用共同影响员工的建言行为。

　　本研究探讨了任务互依性对员工建言行为的影响机制,不仅尝试将工作设计理论引入建言行为研究,而且有力验证了建言行为自我导向形成机制的存在。同时,本研究也在一定程度上丰富了工作设计理论和大五人格理论。此外,研究结论对管理实践也具有指导意义:一方面,本研究有助于鼓励管理实践者更好地从工作设计角度出发,思考如何调动不同特质的员工为组织发展建言献策;另一方面,本研究有助于管理实践者全面认识员工为何会产生建言行为,尤其是关注人格特质的负面作用。

目　录

表目录

图目录

第一章 绪 论

1.1 研究背景与问题提出

1.1.1 研究背景

面对当今瞬息万变的市场环境,企业保持灵活性和创新性极为重要,这一过程不仅需要高层管理者的战略眼光与决断,企业中其他成员的建言对于决策质量乃至企业绩效也有着不可忽视的作用(魏昕、张志学,2010)。建言行为(Voice Behavior)是指,员工以改善组织现状为意图而主动提出变革导向建议的沟通行为,往往被认为是组织创新的开始(LePine & Van Dyne,1998)。员工越是能够积极自由地为企业的运行建言献策,越能增强主人翁意识(Zapata-Phelan et al.,2009),降低离职率(McClean, Detert & Burris,2013),促进团队学习(Edmondson,1999),提高团队效能和组织绩效(Detert et al.,2013;MacKenzie, Podsakoff & Podsakoff,2011; Nemeth et al.,2001),促进组织变革和创新(LePine & Van Dyne,1998)。然而,企业的现实情况是,员工普遍认为建言是有风险的,其可能的负面结果不仅是无法影响领导决策,反而有可能降低领导对自己的评价,为自身的职业发展带来负面影响。许多员工明明意识到组织运行存在的缺陷、弊端,却不敢与领导者坦诚沟通、说出实话。一些员工即便相信自己可以提供有益的建议,通常也会选择沉默、放弃建言(梁建,2014)。Souba et al.(2011)的一个专项调查显示,69%的领导者认为其所在组织中的员工普遍存在不提出问题的问题。

能否充分调动员工的积极性,促进员工为企业的运行建言献策,已经成为事关企业生存和发展的重要问题(Liang, Farh & Farh,2012;周建涛、廖建桥,2012)。在管理实践中,许多企业都采取了一些有效措施,鼓励员工表达建议,希望能够广开言路。例如,IBM 通过设置"speak up"、华为通过内部刊物《管理优化报》等渠道鼓励员工的建言行为。实践的需求推动了理论研究的发展,员工建言行为同样也引起学术界的广泛关注,特别是近十年来围绕员工建言行为的研究迅速发展(Detert & Trevino,2010;Fast,Burris & Bartel,2014;Lin & Johnson,2015;Liu,Tangirala & Ramanujam,2013;Maynes & Podsakoff,2014;Morrison,2014;Ng & Feldman,2012;Troster & Van Knippenberg,2012;Wei,Zhang & Chen,2015)。一流管理期刊《管理研究杂志》(Journal of Management Studies)2003 年发表专刊讨论建言问题,Emerald 出版公司 2009 年曾专门出版了《组织中的建言和沉默》(Voice and Silence in the Organization)一书。上述现象表明,无论是管理实践领域还是学术界,员工建言行为已经得到广泛重视。

已有研究大致从三个方面探讨员工建言行为的影响因素:一是员工个体因素,包括性格特质、文化价值观等(Crant,Kim & Wang,2011;Liang,Farh & Farh,2012;Tucker & Turner,2015);二是领导者因素,包括领导者个性特征、领导风格等(Chan,2014;Janssen & Gao,2015);三是组织因素,主要包括组织氛围(Morrison & Milliken,2000;陈文平、段锦云、田晓明,2013)。这些研究成果为员工建言行为的理论发展做出了非常重要的贡献,然而,目前仍有两个值得继续探索与研究的问题。① 关于建言行为前因变量的研究,虽然学者们已经进行了较为丰富的讨论,但从工作设计理论(Job Design Theory)视角,探讨工作本身的特征对员工建言行为会产生怎样影响的研究却是十分匮乏。工作设计理论是组织行为领域为数不多的兼具重要性、有效性及实用性的理论之一(Miner,2003)。工作设计几乎与组织关注的所有目标有关(如绩效、创新),也与个体的态度和行为息息相关(Parker,2014)。② 建言行为除了是一种基于互惠规范而产生的服务他人的行为之外,也有可能是一种被用作个体调节自身资源的行为(Ng & Feldman,2012)。目前关于建言行为的绝大多数研究都是基于社会交换理论视角,将其视为是他人导向(Other-directed)的,但从自我导向(Self-directed)视角出发来探讨建言行为产生原因和作用机理的研究成果却不够丰富。

工作特征(Job Characteristics)是指用于描述不同工作的特定属性或维度(Hackman & Oldham,1976),多年以来一直都是管理学的研究热点。在众多学者关于工作特征的众多研究中,当属 Hackman & Oldham(1976,1980)提出的工作特征模型(Job Characteristic Model,JCM)最具有影响力,该模型自提出以来得到了广泛的应用(Cordery & Sevastos,1993;Fried & Ferris,1986;Humphrey,Nahrgang & Morgeson,2007)。但随着时间推移,人类逐步迈入知识经济时代,技术不断进步,工作复杂性也逐渐增加,这一 20 世纪 80 年代建立的理论也越来越多地受到质疑与挑战(Grant & Parker,2009;Morgeson & Humphrey,2006;Parker,2014;Parker & Wall,1998)。学者们的争论焦点主要在工作特征维度的划分上,他们认为工作特征模型只是描述了工作任务的部分特征,并没有包含全部(Grant & Parker,2009;Morgeson & Campion,2003;Parker,Wall & Cordery,2001)。很多学者直接指出该模型忽视了工作特征中的社会属性(Social Characteristics)(Grant & Parker,2009;Oldham,1996;Oldham & Hackman,2010;Parker,2014),特别是在日趋激烈的市场竞争环境下,工作团队已经取代个体成为工作组织的基本结构单元,员工的工作或多或少都需要与组织内或组织外的其他人进行社会接触。因此,一些学者开始尝试对工作特征进行重新划分。

在众多社会属性的工作特征中,最被学者们推崇的一个是任务互依性(Task Interdependence)(Kiggundu,1981;Langfred,2005;Parker,2014),是指团队成员必须交换信息、资源、技术以完成工作的程度(Courtright et al.,2015;Thompson,1967;李锋、王二平,2008)。这是由于在当今的工作环境中,员工的工作任务往往与其他成员的工作存在或多或少的互依性。Kiggundu(1981)在总结前人文献基础上,指出 Hackman 和 Oldman 开发的工作特征模型忽视了任务互依性也是工作特征的一个核心维度。Grant & Parker(2009)明确表示,全球经济转型给工作性质带来了重大改变,其中一个重要的变化就是工作环境中的互依性(Interdependence)大大增强,这对传统的工作特征模型提出了挑战,因为该模型的五大工作特征中并没有包括互依性维度。因此,为了适应时代的发展和环境的变化,工作特征模型也应将新出现的工作特征纳入模型之中一并讨论。

　　鉴于此,本研究将工作特征理论引入建言行为的研究中,探讨工作本身的特性会对员工建言行为产生的影响,并从自我导向动机视角来剖析其中的作用机制。本研究只选取任务互依性作为工作特征的代表,这不仅是由于上文提到的学者们的推崇,还因为单独选取一个变量进行研究,可以避免多个相近概念放在一起研究可能会产生的重复影响。

1.1.2　问题提出

　　如上所述,员工建言行为对组织的生存和发展都起到重要作用,许多企业都采取了一些有效措施,希望能够广开言路,鼓励员工积极建言献策(Liang,Farh & Farh,2012;周建涛、廖建桥,2012)。然而,员工方面却总是对建言多有顾虑,许多员工明明意识到组织运行存在的缺陷,相信自己可以提供有益的建议,却不敢与领导者坦诚沟通、说出实话(梁建,2014)。因此,如何鼓励组织中产生更多的建言行为,既是管理实践者的困惑,也是管理研究者的兴趣所在。本研究将工作特征理论引入建言行为的研究中,探讨工作本身的特性会对员工建言行为产生的影响。具体而言,本研究选取描述工作社会属性方面特征的任务互依性作为代表,探讨任务互依性是如何影响员工建言行为的。尽管许多学者都研究了任务互依性对团队或员工心理及行为结果会产生怎样的影响,但现有研究由于解释机制的不同,并没有得到一个统一的结论,其中性格依存视角的解释机制认为任务互依性的效果取决于个人的性格特征和偏好(Grant & Parker,2009)。本研究认为在讨论任务互依性的影响作用时不应忽视对工作者个体特质的考虑,不同特质的个体对任务互依性这一种工作要求的认知评价可能是不同的。压力的交互理论指出,压力不是个体特质的产物,也不是环境条件的产物,而是个体特质与环境条件相互影响的作用结果,认知评价在这一过程中发挥着重要的作用(Lazarus & Folkman,1984)。基于此,应该从交互理论的视角来探讨任务互依性(环境条件)和个体特质对结果发挥的共同作用。在众多个体特质中,本研究选取被普遍接受并广泛应用的大五人格为代表,探讨任务互依性和大五人格对建言行为的共同影响作用。

关于建言行为的形成机制,目前绝大多数的研究都是基于社会交换理论视角(Social Exchange Theory, Blau, 1964),将建言行为视为是他人导向的。其主要的解释逻辑是,组织或领导给予员工利益、关怀、支持等,通过互惠规范(Reciprocity Norm, Cropanzano & Mitchell, 2005),使得员工产生回报组织或领导的责任感和动机,因而更容易表现出有利于组织或领导的角色外行为(如组织公民行为,建言行为等)。基于社会交换理论作用机制的中介变量有很多,如心理安全感(Li et al. , 2014;Troster & Van Knippenberg, 2012)、工作满意度和组织承诺(Tucker & Turner, 2015;Wang et al. , 2014)、责任知觉(Liang, Farh & Farh, 2012)等。然而,也有学者认为仅仅从社会交换理论视角来解释建言行为是不够的,因为建言行为除了是他人导向动机的行为之外,也有可能是自我导向的(Bolino, Turnley & Niehoff, 2004;Van Dyne, Ang & Botero, 2003)。从自我导向动机探讨建言行为的产生,主要是基于资源保存理论(Conservation of Resources Theory, Hobfoll, 1989),该理论认为员工之所以建言是为了自身利益而保护、获取有价值的资源。虽然目前已有学者从理论上提出了自我导向的建言行为存在(Bolino, Turnley & Niehoff, 2004;Van Dyne, Ang & Botero, 2003),也有学者进行了一些初步的实证尝试(Ng & Feldman, 2012;Qin et al. , 2014),但是绝大多数关于建言行为的研究仍然还是沿用基于他人导向的社会交换理论视角。这就意味着建言行为需要更多地跳出他人导向动机这一传统思维的研究,更多地去探讨自我导向动机的建言行为的产生原因以及作用机理。

综上所述,本研究关注的研究问题是:基于自我导向视角,任务互依性和大五人格在多大程度上共同影响员工建言行为?

1.2 研究目的与研究意义

1.2.1 研究目的

本研究第一个主要的研究目的在于将工作设计理论引入对员工建言行为的研究中。目前关于建言行为影响因素的研究虽然很多,但归纳起来主要从员工个体因素、领导者因素及组织因素这三个方面加以讨论,忽视了对工作本身特征会怎样影响员工建言行为的探讨。虽然已有部分学者开始进行一些关于工作特征对建言行为影响的研究(Fuller,Marler & Hester,2006;杜鹏程、宋锟泰、汪点点,2014;石冠峰、梁鹏,2016;周浩、龙立荣,2013),但是由于工作设计理论是一个涵盖多个概念的大领域,目前仍有很多工作特征并未被纳入对建言行为的讨论中,例如工作反馈、工作复杂性、工作多样性、任务互依性等(Marinova et al.,2015;郭云贵,2016)。本研究选取描述工作社会属性方面特征的任务互依性作为代表,依据性格依存视角的解释机制,认为任务互依性的效果取决于个人的性格特征和偏好,探讨任务互依性和大五人格对员工建言行为的共同影响作用。

本研究第二个主要的研究目的在于从自我导向视角探讨员工建言行为的形成机制。目前关于建言行为形成机制的研究虽然很丰富,但归纳起来主要将建言行为视为是他人导向的,基于社会交换理论的观点,认为员工之所以建言是出于对组织或领导的回报。然而,建言行为除了是他人导向动机的行为之外,也有可能是自我导向的(Bolino,Turnley & Niehoff,2004;Van Dyne,Ang & Botero,2003)。Ng & Feldman(2012)指出,建言行为既可能是基于社会交换而产生的他人导向行为,也可能是用作调节自身资源的自我导向行为。Qin et al.(2014)采用两组不同数据的实证研究结果也证实了这种自我导向的建言行为的存在。本研究基于资源保存理论的观点,认为员工之所以建言也可能是为了自身利益而保护、获取有价值的资源,从自我导向视角探讨员工建言行为的形成机制。

综上所述,本研究将工作设计理论引入对建言行为的研究中,从自我导向视角探讨建言行为的形成机制。具体而言,本研究探讨的是任务互依性和大五人格对员工建言行为的共同影响作用,并检验情绪耗竭在这一过程中发挥的中介效应。

1.2.2 研究意义

(1) 理论意义

首先,本研究将工作设计理论引入对员工建言行为的研究中。关于建言行为前因变量的已有研究主要从员工因素、领导因素、组织因素这三个方面探讨对员工建言行为的影响,忽视了工作本身特征的影响作用。因此,本研究将工作设计理论引入对员工建言行为的研究中,选取任务互依性这个描述工作社会属性方面特征的前因变量,丰富了已有关于建言行为影响因素的研究。

其次,本研究跳出建言行为是他人导向动机的传统思维,认为建言行为除了是一种基于互惠规范而产生的服务他人的行为之外,也有可能是一种被用作个体调节自身资源的行为。本研究基于资源保存理论,从自我导向视角探讨员工建言行为的形成机制,引入情绪耗竭这个中介变量,并且提供了实证数据检验结果,为学者们从理论上和初步实证中提出的自我导向建言行为的存在提供了又一有力证据。

再次,本研究有助于丰富现有的工作设计理论。现有的工作特征模型只是描述了工作任务的部分特征,并没有包含全部,尤其是忽视了工作特征中的社会属性。本研究选取描述工作社会属性特征的任务互依性为代表,通过构建两个中介调节模型,探讨了任务互依性对员工建言行为的影响机制,丰富了现有工作设计理论。

最后,本研究有助于丰富现有的人格特质理论。基于工作要求—资源模型和压力的交互理论的主要观点,本研究认为任务互依性这种工作要求对员工带来的影响作用并不是显而易见的,不同特质的员工对任务互依性的认知评价可能是不同的,应该从交互理论的视角来探讨任务互依性和个体特质对建言行为发挥的共同作用,从而有助于更好地理解对于不同特质的员工而言,任务互依性如何影响个体的态度和行为。

(2)实践意义

面对瞬息万变的市场环境,仅凭领导者的智慧已经不足以解决企业面临的所有问题,员工越是能够积极自由地为企业的运行建言献策,越能增强主人翁意识、降低离职率、促进团队学习、提高团队效能和组织绩效、促进组织变革和创新。因此,管理实践者能否充分调动员工的积极性,促进员工为企业的运行建言献策,已经成为事关企业生存和发展的重要问题。因此,本研究关注如何促进员工建言行为的这个研究主题本身就具有很强的实践意义。

本研究将工作设计理论引入对员工建言行为的研究中,选取任务互依性这个贴合时代背景的工作特征,并加入不同特质员工对任务互依性的认知评价可能是不同的这个观点,探讨任务互依性和大五人格对员工建言行为的共同影响作用。本研究有助于鼓励管理实践者更好地从工作设计角度出发,思考如何调动不同特质的员工为组织发展建言献策的积极性。

另外,本研究实证检验了员工建言行为的自我导向动机作用机制,这有助于帮助管理实践者理解建言行为不仅是一种基于互惠规范而产生的服务他人的行为,也有可能是一种被用作个体调节自身资源的行为,有利于提高管理实践者对员工为何会产生建言行为的全面认识。

1.3　研究内容与结构安排

1.3.1　研究内容

基于将工作设计理论引入对员工建言行为的研究,以及从自我导向视角探讨员工建言行为的形成机制这两个主要的研究目的,本研究提出了基于自我导向视角,任务互依性和大五人格在多大程度上共同影响员工建言行为的研究问题。为了回答上述的研究问题,达到上述的研究目的,本研究主要围绕以下四个内容展开:第一,任务互依性和大五人格对建言行为的共同影响作用;第二,任务互依性和大五人格对情绪耗竭的共同影响作用;第三,情绪耗竭对建言行为的影响作用;第四,情绪耗竭在任务互依性和大五人格对建言行为共同影响作用中的中介效应。

1.3.2　结构安排

本研究共分为六章,整体的逻辑结构和各章节的具体内容安排如下:

第一章为"绪论"部分。本章首先介绍了本研究的相关背景,并在此基础上提出本研究关注的两个主要研究问题;其次明确了本研究的总体目标,并从理论研究和管理实践两个方面阐述了本研究的研究意义;然后根据研究内容,安排了本研究的章节结构;最后,对本研究采用的研究方法和技术路线进行设计,并对可能存在的创新之处进行了总结。

第二章为"文献综述"部分。本章围绕建言行为、任务互依性、大五人格和情绪耗竭这四个本研究主要关注的研究变量,不仅对其理论渊源、前因变量、结果变量等国内外已有研究成果进行了系统总结,而且重点回顾了任务互依性、大五人格和情绪耗竭对员工建言行为的现有研究成果和进展。通过对相关研究进行的总结述评,为后面的模型构建和假设提出提供坚实的理论基础。

第三章为"理论基础与研究假设"部分。本章以资源保存理论、工作要求—资源模型和压力的交互理论为理论基础,提出了任务互依性、大五人格、情绪耗竭、建言行为之间关系的一系列假设,并构建了本研究的两个被中介的调节作用理论模型。

第四章为"问卷设计与数据收集"部分。本章基于本研究采取的问卷调查法,依据问卷设计原则对本研究的问卷调查过程进行了总体设计;通过梳理和确定各个研究变量的测量量表,形成了本研究的正式问卷;最后通过大规模的调研获得本研究的样本数据,并对数据进行描述性统计分析和缺失值处理等初步处理。

第五章为"数据分析与假设检验"部分。本章首先通过信度分析、验证性因子分析来检验测量工具和样本数据的准确性和可靠性;接着运用SPSS、LISREL、STATA 软件,通过相关分析、层级回归、White 修正的聚类估计法回归对本研究提出的研究假设进行检验。

第六章为"研究结论与未来展望"部分。本章首先根据实证检验的结果,对本研究得出的研究结论进行了总结与讨论;其次,分析并探讨了本研究对理论研究的贡献之处以及对管理实践的启示意义;最后,归纳了本研究的不足之处,并指出未来的研究方向。

1.4　研究方法与技术路线图

1.4.1　研究方法

问卷调查法被社会学、组织行为学、心理学、营销学等诸多学科广泛运用,本研究的研究方法采用问卷调查法,这主要是基于以下四个原因:① 本研究所涉及的所有研究变量在前人研究中已经发展出较为成熟的测量量表,这为问卷设计奠定了基础;② 问卷调查法对被调查者的干扰较小,比较容易得到被调研单位和员工的支持,可操作性强;③ 采用问卷调查法收集的数据易于统计和分析,有利于研究假设的检验;④ 与其他实地研究方法相比,问卷调查法不仅能够快速、有效地收集数据,而且成本也相对低廉。

为了保证问卷调查法的准确度和可靠性,本研究除了依据基本的问卷设计原则,遵循严格的问卷设计过程之外,还做了以下三个方面的努力:① 本研究采取不同收集时间和不同收集来源的问卷调查法,这样的研究设计不仅可以尽可能地规避同源方差问题(Common Method Variance,CMV),而且可以更好地检验变量之间的因果关系,有助于提高研究结论的准确性。其中,问卷收集过程分为两期进行,中间间隔大约三周左右。第一期从员工自评问卷中测量研究模型的自变量、调节变量以及控制变量,第二期问卷设计为自评和他评两部分,从员工自评部分测量研究模型的中介变量,从主管他评部分测量研究模型的因变量。② 本研究采用的研究设计是不同的数据收集时间和不同的数据收集来源,为了收集到的数据之间能够形成一一匹配,员工在研究者这里其实不是匿名的。但为了尽可能地获得真实的回答,本研究在问卷中并没有要求员工填写姓名,而是通过暗中编号、填写出生年月等方式达到配对的目的。③ 为了降低参与者一致性填答的可能性,本研究在问卷设计中保留了选用的已有成熟量表中的反向题项,这也可以作为检验参与者是否认真填答问卷的一项依据。

1.4.2　技术路线

基于以上的研究内容和研究方法,本研究的技术路线安排如图 1.1 所示。

具体来说,本研究的技术路线如下:

首先,从管理实践的角度来看,员工建言行为对组织的生存和发展都起到重要作用,许多企业都采取了一些有效措施,希望能够广开言路,鼓励员工积极建言献策。从管理研究的角度来看,自从建言行为的概念被提出以来,一直受到学术界的关注,很多学者认为这是一个有实践意义的、值得深入发掘的研究问题。因此,基于对实践问题的思考和文献阅读,研究者初步选定将员工建言行为作为本研究的选题。

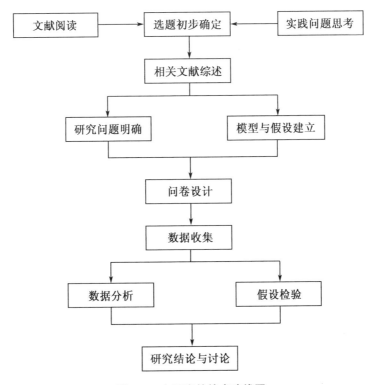

图 1.1　本研究的技术路线图

　　其次,选定初步研究主题以后,研究者系统收集并回顾了员工建言行为已有文献,全面了解该领域的现有研究成果和最新研究进展。通过对建言行为文献的总结,研究者发现有两个值得继续探索与研究的问题:从工作设计理论视角,探讨工作本身的特征对员工建言行为会产生怎样影响的研究十分匮乏,以及从自我导向动机视角出发来探讨建言行为产生原因和作用机理的研究成果不够丰富。因此,本研究确定了将工作设计理论引入对员工建言行为的研究,以及从自我导向视角探讨员工建言行为的产生机制这两个主要的研究目的。在回顾工作设计、人格特质、情绪耗竭等相关理论的基础上,本研究最终将研究问题明确为:基于自我导向视角,任务互依性和大五人格在多大程度上共同影响员工建言行为,并基于此提出研究假设和理论模型。

　　再次,为了验证理论模型和研究假设,本研究采用问卷调查法作为研究方法,并基于已有的成熟量表进行问卷设计。为了更好地检验因果关系和避免同源方差问题,本研究的问卷调查法设计为不同时间点和不同数据来源的取样方式,选择某国有银行南京辖内网点员工为调研对象,采取现场回收、过后再取、快递回寄的方式回收问卷。

最后,问卷回收后,在数据处理和分析基础上,运用 SPSS、LISREL、STATA 软件,通过层级回归、White 修正的聚类估计法来检验研究假设,并根据数据分析结果对符合研究假设的结论和不符合研究假设的结论尝试进行解释。

1.5 可能的创新之处

本研究可能的创新之处主要可以归纳为以下四个方面:

第一,建言行为自概念提出以来,受到了中西方学者的广泛关注,虽然已有大量关于建言行为影响因素的研究,但关注的前因变量主要集中在性格特征、态度动机、心理感知等员工个体因素,领导风格、领导个性特征、领导成员交换等领导者因素,以及组织因素三个方面(Chan,2014;Liang,Farh & Farh,2012;Morrison & Milliken,2000;Tucker & Turner,2015),从工作设计理论视角,探讨工作本身的特征对员工建言行为会产生怎样影响的研究却是十分匮乏。因此,本研究的第一个可能的创新之处在于:将工作设计理论引入对员工建言行为的研究中,探讨工作本身特征会对员工建言行为产生怎样的影响,有利于丰富对建言行为影响因素的全面认识。

第二,目前关于建言行为形成机制的研究虽然很丰富,但归纳起来主要将建言行为视为是他人导向的。这类研究主要基于社会交换理论的观点,认为员工之所以建言是出于对组织或领导的回报,其中主要的作用机制有心理安全感(Li et al.,2014)、工作满意度和组织承诺(Tucker & Turner,2015)、责任知觉(Liang,Farh & Farh,2012)、领导成员交换(Botero & Van Dyne,2011)等。然而,建言行为除了是他人导向动机的行为之外,也有可能是自我导向的(Bolino,Turnley & Niehoff,2004;Van Dyne,Ang & Botero,2003)。因此,本研究的第二个可能的创新之处在于:基于资源保存理论的观点,认为员工之所以建言也可能是为了自身利益而保护、获取有价值的资源,引入情绪耗竭这个中介变量,从自我导向视角探讨员工建言行为的形成机制,有利于丰富对建言行为产生机制的全面认识。

第三,工作设计与工作特征多年以来一直都是心理学和管理学的研究热点,虽然学者们已经建构了许多包括工作特征理论在内的经典理论与模型,但是随着时间的推移,工作特征模型也越来越多地受到质疑与挑战(Grant & Parker,2009;Parker,2014)。学者们的争论焦点主要在工作特征维度的划分上,他们认为工作特征模型只是描述了工作任务的部分特征,并没有包含全部(Morgeson & Campion,2003;Oldham & Hackman,2010),很多学者更是直接指出工作特征模型忽视了工作特征中的社会属性(Parker,2014)。因此,本研究的第三个可能的创新之处在于:选取描述工作社会属性特征的任务互依性为代表,基于工作要求—资源模型,并从压力的交互理论的视角研究任务互依性和大五人格对建言行为的共同影响作用,有利于丰富工作设计理论的研究。

第四,大五人格自提出以来,引起了学术界和实践界广泛的兴趣与关注,涌现出很多高质量的研究。这些研究大多数都是探讨大五人格的正面影响,忽视对人格特质负面作用的关注。因此,本研究的第四个可能的创新之处在于:考虑到不同特质的个体对任务互依性这一种工作要求的认知评价可能是不同的,探讨任务互依性和大五人格对建言行为的共同影响作用,有利于用辩证的观点看待大五人格,全面分析人格特质与工作行为的关系。

1.6 本章小结

本章节首先介绍了研究背景,指出将工作特征理论引入建言行为的研究中,探讨工作本身的特性会对员工建言行为产生的影响,并从自我导向动机视角来剖析其中作用机制的必要性与迫切性;在此基础上进一步提出了本研究的主要研究问题与研究目的,阐述了本研究的理论意义与实践意义,并对研究内容和结构进行了安排;最后,对本研究可能存在的创新之处进行了总结。

第二章　文献综述

文献综述在每项科学研究中都具有重要的意义,这主要是由于以下三个原因:① 文献综述是研究者发现和提出研究问题的有效方式之一,通过对文献进行搜集、阅读和整理,能够帮助研究者发现近期的研究热点,挖掘值得研究的课题;② 文献综述能够帮助研究者把握最新的研究进展,通过对已有研究文献的系统回顾与梳理,能够帮助研究者全面了解该领域的研究进展,避免研究前人已经研究过的并且得到统一结论的研究问题;③ 文献综述有助于研究者找到扎实的理论基础,避免研究假设的提出没有理论依据和逻辑推演。

本研究在确定员工建言行为的研究主题之后,首先通过数据库对国内外关于建言行为的已有研究文献进行了系统地回顾,全面了解该领域的已有研究成果和最新研究进展。文献回顾的结果发现,建言行为的研究成果虽然非常丰富,但仍有两个值得继续探索与研究的问题:① 关于建言行为前因变量的研究,学者们已从员工个体、领导者以及组织等各方面因素加以全面地剖析与丰富地讨论,但从工作设计理论视角,探讨工作本身的特征对员工建言行为会产生怎样影响的研究却是十分匮乏;② 绝大多数关于建言行为的研究都是基于社会交换理论视角,将建言行为视为是他人导向的,但从自我导向动机视角出发来探讨建言行为产生原因和作用机理的研究成果却不够丰富。因此,本研究进一步确定了将工作设计理论引入对员工建言行为的研究,以及从自我导向视角探讨员工建言行为的产生机制这两个主要的研究目的。

然后,本研究接着对工作设计理论的国内外现有研究文献进行了搜集与回顾,全面了解该领域的已有研究成果和最新研究进展。文献回顾的结果发现,工作设计理论是一个涵盖多个概念的大领域,不仅从工作设计理论视角探讨工作特征对建言行为的研究不多,而且该领域本身仍留有一个值得继续探索与研究的问题,即现有的工作特征模型只是描述了工作任务的部分特征,并没有包含全部,特别是忽视了工作特征中的社会属性。在此基础上,本研究进一步确定了选取描述工作社会属性方面特征的任务互依性作为代表,探讨任务互依性对员工建言行为的影响作用。

最后,本研究对已有理论进行了阅读与整理,最终选取以资源保存理论、工作要求—资源模型和压力的交互理论为理论基础,并通过对与理论基础相关的人格特质理论和压力理论进行回顾,选取大五人格和情绪耗竭作为本研究的相关研究变量,构建本研究假设提出和模型构建的理论依据。最终,本研究的研究问题被具体确定为,探讨任务互依性和大五人格对员工建言行为的共同影响作用,并检验情绪耗竭在这个影响过程中的中介作用。

2.1 建言行为研究的起源及发展脉络

2.1.1 建言行为概念的缘起与发展

学术界对员工建言行为的研究主要分为两大脉络:EVLN[①] 模型和角色外行为(Extra-role Behavior)。前者将建言行为看成是员工应对工作不满意的一种积极行为;而后者却认为建言行为不是基于员工对工作不满意,而是一种角色外行为。

(1)脉络一:EVLN 模型

在组织管理学领域,建言行为最早来源于 Hirschman(1970)提出的 EVL 模型。该模型指出,员工表达工作不满意可能采取三种方式:退出(Exit)、建言(Voice)和忠诚(Loyalty)。其中,退出表示员工在对工作不满意时选择离职或换岗;建言表示当员工对组织现状不满意时,通过各种方法试图解决存在问题的做法;忠诚表示员工在沉默中容忍对工作的不满,并相信一切都会变好。

Farrell & Rusbult(1985)依照员工对组织产生不满时的自身态度是否积极、反应行为是否对组织具有建设性,将回应行为从 Hirschman(1970)提

---

① EVLN 分别是 Exit、Voice、Loyalty、Neglect 四个英文单词首字母的缩写。

出的三种扩大到四种,在 EVL 模型基础之上提出 EVLN 模型。其中,退出是一种员工态度积极但对组织具有破坏性的做法;建言是一种员工态度积极且对组织具有建设性的做法,EVLN 模型中将建言定义为员工对工作不满意时,对组织问题的建设性的回应;忠诚是一种员工态度消极但对组织具有建设性的做法;新增加的漠视(Neglect)是一种员工态度消极且对组织具有破坏性的做法,相对于忠诚是一种消极但乐观地期待环境改善的回应行为,漠视则是一种消极地听任事态向更糟糕的方向发展的回应行为。EVLN 模型和 EVL 模型都认为,只有当员工对组织产生不满时才会建言,以期望能够通过这种积极的方式来解决现实中的问题。

(2)脉络二:角色外行为

Van Dyne, Cummings & Parks(1995)将组织公民行为分为两类:亲和型组织公民行为(Affiliative OCB)和挑战型组织公民行为(Challenging OCB)。亲和型组织公民行为旨在维持现状,注重人际关系,期望有效地加强彼此间的良好关系;挑战型组织公民行为旨在改变现状,通过质疑和改善现有的工作流程来体现。根据这种组织公民行为的分类,Van Dyne & Lepine(1998)将建言行为纳入组织公民行为,并认为其是一种基于合作的动机,自由地表达与工作相关的观点、想法和信息的行为。自此之后,组织行为学者开始更多关注利他动机的建议表达(Detert & Burris, 2007; LePine & Van Dyne, 1998; Takeuchi, Chen & Cheung, 2012; Tangirala & Ramanujam, 2008b; Van Dyne, Ang & Botero, 2003; Van Dyne & LePine, 1998)。随后,众多学者进一步界定了建言行为的概念,例如 Detert & Burris(2007)将建言行为定义为员工为提高组织绩效而自发向管理者酌情提供信息,此信息可能会对现状和掌权者提出质疑或有所颠覆;Tangirala & Ramanujam(2008b)认为建言行为是员工对工作相关事宜提出的有挑战且富于建设性的意见、担忧或观点;Takeuchi, Chen & Cheung(2012)指出,建言行为是员工为改善或改变现状而提出建设性意见的行为;Chan(2014)则认为建言行为是员工自发的、角色外的、风险性的行为,此行为有可能改善现状并寻求建设性变革。这类研究普遍认为建言行为是员工为提高组织效能而产生的自发的、具有挑战性的行为,并非只有工作不满时才会发生,它属于组织公民行为的一种,也属于角色外行为的一种

(Morrison，2014)。学者们对建言行为定义的发展，具体可见表2.1所示。

表2.1 建言行为的定义

作者	定义
Hirschman(1970)	当员工对组织现状不满意时,通过各种方法试图解决存在问题的做法。
Farrell & Rusbult(1985)	员工因对组织现状不满而向上级提建议以改善这种不良现状的行为。
Van Dyne & LePine(1998)	基于合作的动机,自由地表达与工作相关的观点、想法和信息的行为。
LePine & Van Dyne(1998)	员工为了改善现状而自发产生的非单纯批评性的具体沟通行为。
Van Dyne, Ang & Botero (2003)	员工为了工作改进而有意识地表达观点、信息和意见的行为。
Detert & Burris(2007)	员工为提高组织绩效而自发向管理者酌情提供信息,此信息可能会对现状和掌权者提出质疑或有所颠覆。
Tangirala & Ramanujam (2008b)	员工对工作相关事宜提出的有挑战且富于建设性的意见、担忧或观点。
Takeuchi, Chen & Cheung (2012)	员工为改善或改变现状而提出建设性意见的行为。
Chan(2014)	员工自发的、角色外的、风险性的行为,此行为有可能改善现状并寻求建设性变革。

资料来源:本研究根据资料整理。

尽管建言行为的各种定义有所差别,但还是具有一些共同点的:① 从目的上看,建言行为不是简单地给组织"挑刺",而是表达可以改进现状的建设性意见,旨在改进而不仅仅是批评;② 从性质上看,建言行为是指将与工作相关的可能的想法和建议公开地表达出来,而不是埋在心里,但并不是所有在工作场所发生的言语活动都属于建言行为,因为诸如抱怨、组织异议等非建设性言语沟通行为是不被包含在内的;③ 从结果上看,由于建言行为挑战了当前组织的现状,虽然对于组织效能可能具有一定的促进作用,但对于建言者个人来说可能具有很大程度的风险;④ 从本质上看,建言行为是一种自发的角色外行为,是主动性(Proactivity)的重要指标,它不是组织强制要求的,是否进行建言完全取决于员工个人的意愿。

在本研究中,我们同意自 Van Dyne & Lepine(1998)以来大多数学者的观点,认为建言行为并非是员工表达工作不满的一种方式;相反,建言行为是一种员工旨在改善组织现状而主动向上级管理者提出观点、意见、建议的角色外行为。

2.1.2 建言行为的分类

学者们从不同的视角将建言行为划分为不同维度,从演变过程来看,关于建言行为维度的划分主要有以下几种,如表 2.2 所示。

表 2.2 建言行为的分类

作者	分类标准	建言类型
Van Dyne, Ang & Botero (2003)	内部动机	默许型建言、防御型建言、亲社会型建言
Janssen, Vries & Cozijnsen (1998)	认知风格	常规建言、新颖建言
Hagedoom et al. (1999)	建言目的	自利式建言、众利式建言
Liang & Farh(2008)	建言内容	促进性建言、抑制性建言
Liu, Zhu & Yang(2010)	建言对象	向上级的建言、对同事的建言
段锦云和凌斌(2011)	个体心理需要	顾全大局式建言、自我冒进式建言
Maynes & Podsakoff(2014)	两个维度(挑战现状/维持现状,促进性建言/抑制性建言)	支持性建言行为、建设性建言行为、防御性建言行为、破坏性建言行为

资料来源:本研究根据资料整理。

Van Dyne & LePine(1998)鉴于对建言行为概念的界定,认为建言行为从结构上属于单维构念,并开发出共有 6 个题项的建言行为单维量表,该量表在后续关于建言行为的相关研究中得到大量学者的认同和采用,是目前使用较为广泛的测量建言行为的量表(Detert & Burris, 2007;Fuller, Marler & Hester, 2006;Lam & Mayer, 2014;Ng, Feldman & Butts, 2014;Takeuchi, Chen & Cheung, 2012)。Van Dyne, Ang & Botero (2003)进一步对建言行为的定义进行了修正与完善,并认为建言行为具有多维特性。他们从内部动机视角将建言行为划分为默许型建言、防御型建言和亲社会型建言。其中,默许型建言行为是建立在员工由于低自我效能感而不愿求异的基础上,进行的与工作相关的想法和意见表达,经常导致从众;防御型建言行为是以保护自己为目的而表达出与工作相关的想法和意见;亲社会型建言行为是基于合作动机和利他导向,坦诚提出与工作相关的想法和意见。Van Dyne,Ang & Botero(2003)还开发出每个维度对应 5 个题项的测量量表,但由于研究本身没有对量表进行实证检验,因此在后续关于建言行为的实证研究中没有得到广泛的应用。

此外,其他学者也对建言的结构展开讨论。Janssen,Vries & Cozijnsen(1998)基于认知风格的不同,将建言行为分为常规建言和新颖建言。其中具有传统型认知风格的个体可能会选择进行常规建言行为,创新认知风格的个体可能会进行新颖建言行为。Hagedoom et al.(1999)根据建言时除了考虑自身利益外是否还考虑了组织利益,将建言行为划分为两个维度,分别为自利式建言和众利式建言。如果同时考虑了自身利益和组织利益而提出建议,则是众利式建言;如果在提出建议时仅为自己考虑,则是自利式建言。Liang & Farh(2008)对中国背景下的建言行为的维度进行了探索,将建言行为区分为促进性建言和抑制性建言两种。其中,促进性建言指个体针对现状的改善而提出新的想法和建议的行为,抑制性建言指个体提出工作实践中存在的问题的行为。Liang,Farh & Farh(2012)的研究从行为内容、作用、对其他人的影响三个方面详细区分了促进性建言和抑制性建言的差异,并对 Liang & Farh(2008)开发的 11 个题项的量表进行修正,删除了 1 个题项。因此,Liang,Farh & Farh(2012)所采用的建言行为量表包含促进性建言和抑制性建言两个维度,每个维度各 5 个题项,该量表得到了后续研究的广泛应用(Qin et al.,2014;梁建,2014)。Liu,Zhu & Yang(2010)基于建言对象的差异,将建言行为区分为向上级的建言和对同事的建言。段锦云和凌斌(2011)在中国文化情境下提出建言行为的两个新维度:顾全大局式建言和自我冒进式建言,前者反映了个体与情境融合联系的需要,后者反映了个体独立增强的需要,并开发了相应量表。Maynes & Podsakoff(2014)根据两个维度(挑战现状/维持现状,促进性建言/抑制性建言)将建言行为划分为支持性建言行为(维持现状的促进性建言)、建设性建言行为(挑战现状的促进性建言)、防御性建言行为(维持现状的抑制性建言)和破坏性建言行为(挑战现状的抑制性建言)。

在本研究中,我们只研究员工向上级管理者的建言行为,并且不从具体内容上对员工的建言行为加以区分。

2.1.3 建言行为与相关构念的区分

(1) 组织公民行为

组织公民行为(Organizational Citizenship Behavior,OCB)是一种未被组织正式的薪酬系统所直接或明确规定的、员工自发性的行为,这种行为有助于提高组织效能(Bateman & Organ,1983)。Van Dyne,Cummings & Parks(1995)根据组织公民行为的不同性质,将其划分为维系和谐的亲和型组织公民行为和以变化为导向的挑战型组织公民行为。典型的亲和型组织公民行为包括助人行为(Helping Behavior)、运动员精神(Sportsmanship)、公民道德(Civic Virtue)等,典型的挑战型组织公民行为包括建言行为和责任担当(Taking Charge)等。

组织公民行为是一个相对成熟和使用较广的构念,建言行为是一个相对新的构念,且建言行为的范畴比组织公民行为小(Detert & Burris,2007;段锦云、钟建安,2009)。建言行为和组织公民行为虽然都属于典型的角色外行为,但两者之间存在差异。组织公民行为旨在维系人际关系,关注合作,在大多数情况下常常会给个人和组织带来积极效应;建言行为包含了质疑现有工作状态和旨在改变组织环境的本质,有可能因为挑战了现状或使上级难堪而给建言者带来负面效应。因此,虽然同属角色外行为,但建言行为会比组织公民行为给员工带来更大的风险性。

(2) 沉默行为

沉默行为(Silence Behavior)往往被认为是与建言行为相对应的构念,它最早由 Morrison & Milliken(2000)在美国的《管理学评论》(Academy of Management Review)发表的奠定性文章中提出。Morrison & Milliken(2000)将组织沉默界定为一种集体现象,是指员工对组织潜在问题保留个人观点的行为。Pinder & Harlos(2001)随后将这一构念引入个体研究中,并把员工沉默定义为:当员工有能力改善组织状况时,却保留了对组织环境在行为、认知或情感上的评价,没有把这种真实想法告诉自己认为能做出改变的人。虽然这两种定义关注的层面不同,但都强调"保留"(Withholding)是沉默的基本成分(何铨、马剑虹、Tjitra,H. H.,2006;李锐、凌文辁、柳士顺,2012)。沉默的前提是个体对事情已经有所认识并形成自己的观点或看法,只是出于某种原因(例如害怕、担忧等)而有意识地选择保留重要信息(Milliken,Morrison & Hewlin,2003;Tangirala & Ramanujam,2008a)。所以,并非所有不发言的情形都代表出现了沉默行为,个体由于确实没有什么意见或建议需要表达的、非有意的不发言行为均不属于沉默行为的范畴(Van Dyne,Ang & Botero,2003),沉默行为更多描述的是个体"知而不言"的现象。

一些学者认为建言是员工发出"声音",而沉默是员工不发出"声音",因此沉默的对立面就是建言,如果组织能够在促进员工建言方面建立激励机制,就能够减少员工沉默现象(Frazier & Bowler,2009;Harvey,Martinko & Douglas,2009;Morrison,2014;Morrison,Wheeler-Smith & Kamdar,2011)。但是,也有学者认为建言和沉默是两个不同的构念(Brinsfield,Edwards & Greenberg,2009;Detert & Edmondson,2011;Kish-Gephart et al.,2009;Van Dyne,Ang & Botero,2003)。Van Dyne,Ang & Botero(2003)指出,建言行为和沉默行为都是复杂的、多维的构念,两者的形式多样且成因不同,并非是行为的两个极端。Detert & Edmondson(2011)明确提出,员工在积极建言的同时仍可以保留一些重要信息,换而言之,建言行为和沉默行为可以共存。因此,将沉默只是理解为不发出"声音"是片面的,沉默也可以理解为个体过滤后发出"声音"(例如报喜不报忧等)。沉默行为和建言行为虽然探讨的是相似的问题,但并非简单的对立关系。

(3)工作场所中其他言语行为

建言行为是一种沟通行为,工作场所中还包括许多言语行为,诸如上行沟通(Upward Communication)、揭发行为(Whistle-blowing)、议题营销(Issue Selling)等,虽然它们与建言行为在某些方面是相似的,但是它们又是彼此不同的行为。

上行沟通是指下级的意见向上级反映,即自下而上的沟通

(Athanassiades，1973；Glauser，1984；Roberts & O'Reilly，1974)。建言行为与上行沟通的区别主要体现在两个方面：① 目标对象。上行沟通是一种自下而上的沟通，目标对象是上级；而在建言行为中，目标对象虽然主要是上级，但也包括同事，甚至下属。② 沟通内容。建言行为主要是就组织中存在的潜在问题进行沟通；而上行沟通的内容则比建言广泛得多(Morrison，2011)。

揭发行为是指组织成员(在职的或离职的)发现组织中不合法的或不道德的行为，而向能够采取影响性措施的个体或组织披露的行为(Near & Miceli，1985)。揭发行为有两种渠道：一是内部揭发，指向组织内的上级领导或管理当局披露自己发现的过错行为；二是外部揭发，指向组织外的其他个人或机构(例如政府机构、媒体、专业组织等)报告问题。建言行为与揭发行为的目的同为改善组织中的消极方面，都具有挑战现状的特征，但仍存在明显区别(刘燕、赵曙明、蒋丽，2014)。① 从方式上看，建言行为发生在组织内部，而揭发行为既包括对内报告组织中的问题又包括对外报告；② 从内容上看，建言行为是对组织当前的工作流程、方式、政策等提出异议，而揭发行为是对组织中存在的不道德行为的披露，可见建言的内涵更广；③ 从结果上看，建言的负面效应主要是引起人际矛盾，而揭发则可能带来更为严重的打击报复，可见揭发的风险更大。

议题营销是指组织成员将上级的注意力吸引到那些影响组织绩效的事件、发展情况和趋势上来，并影响上级对这些事件、发展情况和趋势的理解的行为(Dutton & Ashford，1993)。从议题营销的定义上看，建言行为与议题营销的最大不同在于，建言行为的方向可以是下级对上级，可以是同级同事之间，还可以是上级对下级；而议题营销的目标对象主要是上级或高层管理者。

表 2.3 简要概括了上文总结的建言行为与相关构念的主要区别。虽然建言行为是不同于其他构念而独立存在的，但这些构念的研究成果对丰富建言行为的理论也具有重要的借鉴意义与价值(Morrison，2011)。

表 2.3 建言行为与相关构念的区别

相关构念	代表性研究	定义	与建言行为的区别
组织公民行为	Bateman & Organ, 1983; Van Dyne, Cummings & Parks, 1995	一种未被组织正式的薪酬系统所直接或明确规定的、员工自发性的、有助于提高组织效能的行为。	更为成熟和使用较广;通常带来积极效应;几乎不具有风险性。
沉默行为	Morrison & Milliken, 2000; Pinder & Harlos, 2001	当员工有能力改善组织状况时,却保留了对组织环境在行为、认知或情感上的评价,没有把这种真实想法告诉自己认为能做出改变的人的行为。	虽然探讨的是相似的问题,但并非简单的对立关系。
上行沟通	Athanassiades, 1973; Glauser, 1984; Roberts & O'Reilly, 1974	下级的意见向上级反映,即自下而上的沟通。	沟通内容更广;目标对象更窄。
揭发行为	Near & Miceli, 1985	组织成员(在职的或离职的)发现组织中不合法的或不道德的行为,而向能够采取影响性措施的个体或组织披露的行为。	既可以发生在组织内部又可以发生在组织外部;内涵更窄;风险更大。
议题营销	Dutton & Ashford, 1993	组织成员将上级的注意力吸引到那些影响组织绩效的事件、发展情况和趋势上来,并影响上级对这些事件、发展情况和趋势的理解的行为。	目标对象只能是上级。

资料来源:本研究根据资料整理。

2.1.4 建言行为的相关研究

(1) 建言行为的影响因素

研究建言行为的传统视角是将其看成是两个阶段的过程,第一个阶段是员工心理产生建言的想法和意愿,第二个阶段是员工将潜在的建言意愿转化成实际的建言行为。这个视角其实是将员工建言行为当作理性决策的结果,是一种计划行为(Liang, Farh & Farh, 2012; Morrison, 2011; Morrison, 2014)。员工产生建言想法之后,究竟会选择建言还是选择沉默取决于两个关键判断:① 建言行为是否有效果? 它衡量的是员工提出的意见或建议被组织采纳从而达到改进现状目的的可能性大小;② 建言行为是否有风险? 它衡量的是员工感知的建言行为将会带来负面影响的大小。虽然员工提出意见或建议的本意是旨在改进而不仅仅是批评,但由于其挑战现状的本质,建言行为可能会带来一些消极后果,例如破坏人际和谐、造成与领导的对立、降低领导对自己的评价等(Bashshur & Oc,2014;Ng & Feldman,2012)。研究建言行为的传统视角认为,只有当员工经过分析判断,认为建言是有用的并且是安全的之后,才会产生实际的建言行为,否则他们就会选择沉默。

学者们针对建言行为的影响因素进行了大量研究,主要可以归纳为三大类:① 员工个体因素,包括性格特质、文化价值观、态度和动机、心理感知等(Tucker & Turner,2015;周建涛、廖建桥,2013);② 领导者因素,包括领导者个性特征、领导行为、领导成员交换等(Chan,2014;吴增隆等,2011);③ 组织因素,主要是组织氛围(Landau,2009;段锦云等,2011)。

第一,员工个体因素。

员工是建言行为的主体,针对建言行为前因变量的研究大多都是围绕员工个体展开的。基于该视角的研究认为,员工个体之间存在差异性,具有某些特征的个体相对更容易建言。因此,学者们针对不同个体因素对建言行为具有何种影响展开讨论,这些因素包括性格特质、态度和动机、心理感知、人口统计学特征等。

性格特质。以往研究中,关于大五人格对建言行为的影响讨论得较为充分。LePine & Van Dyne(2001)采用实验法对美国的 276 名学生样本进行研究,结果表明,外倾性、责任心与建言行为显著正相关,神经质、宜人性与建言行为显著负相关,开放性与建言行为相关不显著。Crant,Kim & Wang(2011)的研究发现,大五人格中的外倾性和责任心对建言行为具有显著正向影响,主动性人格也能够预测员工的建言行为。段锦云、王重鸣和钟建安(2007)在中国情境下的研究显示,外倾性、责任心与员工建言行为显著正相关,开放性、神经质和宜人性对建言行为都起着负面的影响,其中开放性的影响达到显著水平,而组织公平感能显著调节神经质对建言行为的影响。除了大五人格外,学者们还就其他个性特质对建言行为的影响进行了研究。梁建和唐京(2009)以中国一家大型连锁超市为样本的实证研究也发现主动性人格与员工建言行为正向相关。Premeaux & Bedeian(2003)发现,对高自我监控者而言,控制点、自尊与建言行为呈正相关关系;对低自我监控者而言,控制点、自尊与建言行为呈负相关关系。

文化价值观。Landau(2009)通过对 225 名员工的调查,发现权力距离与建言行为有负向相关关系。周建涛和廖建桥(2012)采用问卷调查方式收集 81 名团队领导与其 467 名下属的配对样本,统计分析结果表明,领导权力距离导向和员工权力距离导向对员工建言行为都具有显著的负向预测作用。陈文平、段锦云和田晓明(2013)基于中国文化视角,认为中庸思维不利于自我冒进式建言;较高的面子意识和人情观念,往往会让员工选择保留自己的观点;集体主义关注组织和谐的特征不利于组织中建言行为的发生;权力距离和长期观念都会抑制建言行为的表达。

态度和动机。学者们对员工与建言行为关系的认识经历了两个阶段。第一个阶段是基于 Hirschman(1970)的 EVL 模型和 Farrell & Rusbult(1985)的 EVLN 模型,认为不满意是员工建言的决定性因素(Rusbult et al.,1988;Whitey & Cooper,1989);第二个阶段是自 Van Dyne & Lepine(1998)将建言行为纳入组织公民行为来研究之后,学者们认为员工不会轻易表现出建言行为,除非他们认同组织、信任组织、对组织有较高的情感承诺(Gao,Janssen & Shi,2011;Morrison,Wheeler-Smith & Kambar,2011;Ng & Feldman,2013;Tucker & Turner,2015;Wang et al.,2014)。Tangirala et al.(2013)通过对 262 名员工及领导的调查发现,义务导向的员工更容易将建言看成他们的职责,因而越容易产生建言行为;而成就导向的员工则恰好相反。

心理感知。根据已有文献,心理安全感(Psychological Safety)对建言行为的正向预测作用得到了很多学者的认同(Detert & Trevino,2010;Li et al.,2014;Liang,Farh & Farh,2012;Troster & Van Knippenberg,2012)。Liang,Farh & Farh(2012)的研究不仅验证了心理安全感对于建言行为的影响,同时还发现责任知觉和组织自尊也与建言行为显著正相关。段锦云和魏秋江(2012)构建了建言效能感结构,并发现其在一般自我效能感对建言行为正向影响关系中的中介作用。

人口统计学特征。Farrell & Rusbult(1985)认为,受教育程度与建言行为显著正相关,员工的受教育程度越高,就具有更强的认知分析能力,更可能对工作现状进行详尽细致的分析,从而越容易产生建言行为,这一结论也得到周建涛和廖建桥(2013)研究的支持。段锦云、王重鸣和钟建安(2007)则认为低学历者更容易产生建言行为,并认为男性比女性更容易表现出建言行为。

其他。有研究表明,全职工作的员工从心理上更容易嵌入组织,而且通常他们在组织中的地位比兼职工作的员工高,因此全职者比兼职者更可能产生建言行为(Stamper & Van Dyne,2001;Tangirala & Ramanujam,2008b)。还有研究发现,员工在组织中的资历和地位也可以预测建言行为(Detert & Burris,2007;Morrison & Rothman,2009)。Grant(2013)认为,情绪调节能力越强的员工越容易克服害怕心理,因此当他们有建言意愿时更可能自由表达。

第二,领导者因素。

领导者不光是员工建言行为的主要对象,而且同时还具有实施奖惩的权力,因此,员工在建言之前需要考虑领导者如何看待和管理建言行为。学者们主要围绕领导风格、领导者个性特征等因素研究对员工建言行为产生的影响。

领导风格。领导风格对员工建言行为的影响在以往研究中引起很多学者的关注,并取得了丰硕的研究成果。Detert & Burris(2007)、吴增隆等(2011)对变革型领导与员工建言行为的关系展开研究,结论显示两者正相关,并提出心理安全感起到中介作用。Hsiung(2012)研究了真实型领导与员工建言行为之间的关系,并对作用机制进行了探讨。通过对台湾地区70个工作团队的调研结果发现,真实型领导对建言行为具有正向影响,员工积极心境和领导成员交换在其中起到中介作用。关于伦理型领导对于建言行为的预测作用,大多数研究均证实两者之间的正相关关系(Walumbwa,Morrison & Christensen,2012;梁建,2014),其中,梁建(2014)通过对中国某一零售企业239名员工的两阶段调查发现,责任知觉和心理安全感在伦理型领导与建言行为的关系中起到中介作用。Chan(2014)研究了家长式领导与建言行为的关系,结果显示威权领导维度与建言行为负相关、德行领导维度与建言行为正相关。邱功英和龙立荣(2014)运用跨层次分析方法探讨了团队的威权领导对下属建言上司和建言同事行为的影响,结果发现,威权领导对下属建言上司和建言同事均有消极影响,领导成员交换和团队成员交换分别在其中起中介作用。此外,有学者开始研究辱虐式领导对员工建言行为的影响,并基本证实辱虐式领导对建言行为具有显著的负向预测作用(李锐,2011;吴维库等,2012)。

领导者个性特征。管理者的特征也会对员工建言行为产生影响。研究发现,管理者开放性的人格特质与员工的建言行为正相关,这是因为当员工认为管理者开放性程度越高时,会对外部建言环境产生更为乐观的评价和预期,因此也更倾向于向领导表达自己的建设性意见或想法(Detert & Burris, 2007; Detert & Trevino, 2010; Edmondson, 2003)。Walumbwa & Schaubroeck(2009)通过对美国一家大型金融机构 894 名员工及 222 名直接领导的调查发现,领导宜人性和责任心对伦理型领导有正向的预测作用,伦理型领导又与员工建言行为正相关。

领导成员交换。领导成员交换对建言行为预测作用的研究成果较为丰富,多数研究证明两者之间存在正相关关系(Botero & Van Dyne, 2011; Burris, Detert & Chiaburu, 2008; Van Dyne, Kamder & Joireman, 2008),汪林等(2010)和吴隆增等(2011)基于中国样本的调研结果也发现同样的结论。

第三,组织因素。

员工建言行为不光受到员工个体因素和领导者因素的影响,而且也会受到组织因素的影响,主要是组织氛围。

组织氛围。总的来说,学者们认为良好的组织氛围会促进员工的建言行为。Morrison & Milliken(2000)认为,员工之所以选择沉默而不表达建议,是因为组织内缺乏相应的鼓励建言的氛围和机制,并在随后对 42 个工程师团队的调查后证明,团队建言氛围的有利性与员工建言行为正相关(Morrison, Wheeler-Smith & Kamdar, 2011)。段锦云等(2011)则提出员工对支持性组织氛围的感知对建言行为有显著正向影响,心理安全感和组织支持感在其中起中介作用。此外,Farh, Hackett & Liang(2007)将建言行为视为组织公民行为的一种,验证了组织支持感和建言行为之间的正相关关系,同时发现传统性价值观与权力距离在二者关系中起到调节作用。

(2) 建言行为的结果变量

与上文回顾的研究建言行为影响因素的丰硕成果相比,研究员工建言行为结果变量的文献相对比较少(Bashshur & Oc, 2014; Morrison, 2011; Morrison, 2014)。由于建言是员工向上级管理者提出与组织有关的意见和建议的主动性行为,因此会对员工个体和组织产生直接影响,现有关于建言行为结果变量的研究也主要集中在个体和组织这两个层面。

第一,对员工个体的影响。

现有研究主要选取上级领导对建言者的绩效评价、建言者的组织公平感等作为员工建言行为的个体层面结果变量。

绩效评价。绩效评价虽然是学者们研究建言行为关注最多的结果变量(Bashshur & Oc, 2014),但是研究结论却不统一,既有研究认为建言有助于员工的绩效评价(Thompson, 2005; Whiting, Podsakoff & Pierce, 2008),也有研究认为建言不利于员工的绩效评价(Burris, 2012; Siebert, Kraimer & Crant, 2001)。Siebert, Kraimer & Crant(2001)通过一项纵向调查发现,员工的建言行为对其两年后的职位上升和薪酬提高存在负面影响。但随后 Whiting, Podsakoff & Pierce(2008)在实验室进行的研究却有相反的发现,他们认为建言行为对绩效评价有正向作用。学者们的研究结论之所以存在差异,这与建言行为本身的特性有很大的关联。正如我们上文提到的,建言行为虽然是一种员工出于对组织的关心而自发产生的角色外行为,但由于其挑战现状的本质,因此对建言者而言具有一定的风险性。一方面,从印象管理的角度来看,恰当的建言行为可以体现员工的工作态度和工作能力(Stamper & Van Dyne, 2001),给上级管理者留下好的印象,从而获得更高的绩效评价;另一方面,由于建言行为本质上是对现状的挑战,采取不恰当的建言方式可能会引起上级管理者的不满情绪,从而给建言者带来负面评价(Burris, 2012),甚至会破坏人际关系和谐。员工的建言行为对其绩效评价的影响结论不一致,还意味着这其中可能存在大量的情境因素在起着调节作用,因此,近年来很多学者开始从这个角度切入,去探究建言行为可能给建言者带来的效用(Burris, 2012; Burris, Detert & Romney, 2013; Grant, 2013; Whiting et al., 2012)。例如,Whiting et al.(2012)通过一系列的实验设计探索影响建言效果的调节变量,他们的研究结果表明,建言的内容(指出问题的同时是否提供了可能的解决方案)、建言者的特征(是否可信或者是该领域的专家)、建言的时机(是否在早期指出)、建言的氛围(组织中是否有建言的文化)都是非常重要的情境因素。Burris(2012)通过研究指出,上级管理者对建言的反应依赖于建言的形式,员工越是以支持性的方式表达建言就越容易取得管理者支持与认可。Grant(2013)发现,员工在建言时如果能够有效地管理好自己的情绪表达,就能够获得领导的好评。

组织公平感。建言行为不仅会受到组织公平感的影响,同时也会在一定程度上影响个体的组织公平感。有研究认为,建言行为本身就是程序公平的一部分,它体现了组织为员工提供输入建议的机会(Brockner et al.,1998)。这种机会越多,越能够提高员工的程序公平感、控制感以及工作满意度(Hunton,Hall & Price,1998)。当然,组织只给员工提供建言机会是远远不够的,员工的建言是否被采纳或者有反馈,也会对员工产生重要影响(Landau,2009)。如果员工的积极建言得不到上级管理者的及时反馈,也会降低员工对组织的公平感知,甚至会提高员工的离职意愿(Burris,Detert & Romney,2013;Spencer,1986)。

第二,对组织的影响。

现有关于建言行为组织层面结果变量的少量研究结果表明:组织内员工越是能够自由地分享他们的想法、观点,组织绩效就越好(Detert et al.,2013;MacKenzie,Podsakoff & Podsakoff,2011;Nemeth et al.,2001);反之,当员工沉默行为较多时,组织绩效就会下降(Perlow & Williams,2003)。这是因为建言行为能够令组织吸收新的信息、观点,促使组织持续改进,提高组织决策的科学性,进而提升组织绩效。另外,建言行为还能降低离职率(McClean,Detert & Burris,2013)、加强团队学习(Edmondson,2003)、促进企业变革和创新(LePine & Van Dyne,1998)。

2.2 任务互依性与建言行为

2.2.1 工作设计理论的发展

工作设计理论是组织行为领域为数不多的兼具重要性、有效性及实用性的理论之一(Miner，2003)。工作设计几乎与组织关注的所有目标有关(如绩效、创新)，也与个体的态度和行为息息相关(Parker，2014)。工作设计关注工作、任务、角色是如何被建构、制定、修正，以及这些建构、制定、修正又是如何影响个体、团队、组织(Grant & Parker，2009)；工作特征是描述不同工作的特定属性或维度(Hackman & Oldham，1976)。多年以来，工作设计与工作特征一直都是管理学的研究热点。

从 Taylor(1911)的科学管理时代起，管理者就借助专业化的工作设计来极大地提高劳动生产效率。在 Mayo(1933)的霍桑实验之后，管理者开始着眼于更为人性化的工作设计理念，通过提高员工工作满意度来增加生产效率。到了 20 世纪 60 年代，一些学者认为简单的工作设计无法满足工业技术的发展，并重新致力于工作扩大化和工作再设计的研究(Herzberg，1966；Turner & Lawrence，1965)。

Hackman & Oldham(1976，1980)在前人研究的基础上提出了著名的工作特征模型，该模型认为工作有五大核心特征：① 技能多样性(Skill Variety)，指完成工作所需要运用技能和能力的程度；② 任务一致性(Task Identity)，指工作在多大程度上需要作为一个整体来完成；③ 任务重要性(Task Significance)，指工作对他人工作或生活的影响程度；④ 自主性(Autonomy)，指工作在多大程度上允许员工进行自由、独立的判断；⑤ 反馈(Feedback)，指工作的绩效被员工及时、明确知道的程度。这五大核心特征会影响到员工三种重要的心理状态：感受到的工作意义(Experiences of Meaningfulness)、感受到的工作责任(Experiences of Responsibility)、了解的工作结果(Knowledge of Results)。具体而言，技能多样性、任务一致性和任务重要性会使员工感受到自己工作的意义，自主性会使员工感受到自己工作的责任，反馈会使员工了解自己工作的结果。而这三种心理状态又会进一步影响到个体的以及工作的四个结果：内在工作动机（Internal Work Motivation）、工作满意度（Job Satisfaction）、工作绩效（Job Performance）、缺勤率（Absenteeism）。此外，工作特征模型也强调，员工成长需求的强度（Growth Need Strength）能够在这一过程中起到调节作用，也就是对于成长需求越强的员工而言，工作特征的核心维度对关键心理状态的影响越为强烈，个体与工作的结果也会在这一过程中受到关键心理状态更强的影响。

全球经济转型给工作性质带来了重大改变，其中一个重要的变化就是工作环境中的互依性大大增强（Grant & Park，2009）。当今员工的工作或多或少都需要与组织内外的其他人进行社会接触，因此，越来越多的学者强调需要重视和研究工作特征中的社会属性，尤其是任务互依性（Park，2014）。例如 Morgeson & Humphrey（2006）在他们开发的工作设计问卷中，将 21 种工作特征划分为四大类：任务动机（Task Motivation，如工作特征模型中的五大核心特征）、知识动机（Knowledge Motivation，如工作复杂性、信息加工）、社会动机（Social Motivation，如社会支持、互依性）和情境特征（Contextual Characteristic，如工作条件、体力要求）。Humphrey，Nahrgang & Morgeson（2007）将工作特征分为三大类：动机特征（Motivational Characteristics）、社会特征（Social Characteristics）和工作环境特征（Work Context Characteristics），并通过元分析方法发现动机的工作特征可以解释 34% 的工作满意度，而社会的和工作环境的特征分别可以进一步解释 17% 和 4%。可见，社会属性也是工作特征的一个重要方面，不应该被忽视。

除了工作特征维度的划分，还有一部分对工作特征模型的质疑与挑战聚焦于模型的结果变量以及体现个体差异的调节变量。关于结果变量的选取，一些学者认为工作特征模型主要关注的是工作绩效、离职率等动机结果（Motivational Outcomes），忽视了诸如利他行为、帮助行为等非动机结果（Nonmotivational Outcomes）。这与该模型没有关注工作的社会属性有关，因为目前工作特征模型的五大核心特征主要影响动机结果，而社会属性的工作特征则主要影响非动机结果（Grant & Parker，2009；Oldham & Hackman，2010）。关于调节变量的选取，一些学者也呼吁用更多体现个体差异的变量来检验调节作用（Grant & Parker，2009；Oldham & Hackman，2010）。

2.2.2　任务互依性的定义与分类

以往对任务互依性的研究存在两种不同的看法：一种是"本质论"，研究者从客观角度将任务互依性看作是工作本身固有的一种属性，不会受到人为的影响与操纵(Saavedra, Earley & Van Dyne, 1993；Thompson, 1967；Van de Ven, Delbecq & Koenig, 1976)；另一种是"行为论"，研究者将任务互依性视为一种主观的合作需求，认为任务互依性是人在执行任务时的行为方式(Shea & Guzzo, 1987；Wageman, 1995)。本研究赞成第一种观点，将任务互依性视为工作固有特征，是指团队成员必须交换信息、资源、技术以完成工作的程度(Courtright et al., 2015；Thompson, 1967；李锋、王二平, 2008)。毫无任务互依性的极端表现是一项工作不需要他人协助就可以独立完成；而随着工作难度的增加，个体就越需要他人的帮助才能完成任务，任务互依性也就越高。

一些学者进一步对任务互依性的类型进行了细分，其中最著名的是Thompson(1967)。Thompson根据团队成员之间的信息和资源的交换层次，区分了三种不同类型的任务互依性：集合型互依性(Pooled Interdependence)、次第型互依性(Sequential Interdependence)和循环型互依性(Reciprocal Interdependence)。其中，集合型互依性指团队成员平行地完成工作任务，团队绩效是个体绩效的简单加总，例如销售团队；次第型互依性指团队成员之间执行任务是一个单向过程，每个成员在团队中扮演不同的角色并且具有事先规定好的顺序，例如流水生产线；循环型互依性指团队成员之间执行任务需要相互依赖，成员A和成员B的工作输出互为对方的工作输入，例如篮球队。在Thompson(1967)的研究基础上，Van de Ven, Delbecq & Koenig (1976)又提出了第四种类型：协作型互依性(Team Interdependence)，指成员共同诊断问题、分析问题、解决问题，共同完成工作，例如研发团队，这种类型的互依性最为复杂，互依程度也最高。Johnson & Johnson(1989)根据任务互依性的不同来源，将其划分为执行互依性和资源互依性两种类型。执行互依性指团队成员本身的工作任务就是需要为其他成员的任务执行提供支持，资源互依性指团队完成任务所需要的资源分布在不同团队成员之间。虽然学者们在理论文章中区分了不同类型的任务互依性,但是在实际工作中,很难将任务互依性的不同类型区分清楚。因此,在实证文章中,研究者往往将任务互依性视为一个单维变量来进行测量,并没有对其类型进行细分(Peare & Gregerson,1991;Somech, Desivilya & Lidogoster,2009),本研究亦是如此。

2.2.3 任务互依性的相关研究

任务互依性已经被证明对个体和团队有直接的影响,并且是其他因素影响个体和团队过程、绩效的调节变量。

(1)任务互依性的结果变量

诸多以团队有效性为核心的研究都以经典的 IPO(Input-Process-Output)模型作为理论基础,任务互依性作为描述工作特征的重要输入变量之一,学者们也依据 IPO 模型,探讨任务互依性是如何影响个体和团队的互动过程进而影响产出的。

第一,对情感态度的影响。

一些研究表明,任务互依性能够促进团队成员的积极情感态度,例如工作责任感、工作满意度、团队满意度、工作承诺等(Peare & Gregerson,1991;Ramamoorthy & Flood,2004;Van der Vegt, Emans & Van de Vliert,2000)。这是因为任务互依性高的工作具有一定的挑战性,要求团队成员之间通过高度的交流合作、协调配合才能完成任务,所以可能提高员工的工作满意度和工作承诺。另外,与同事共同工作要求成员之间频繁互动、加深了解,可以促进友谊,从而增强团队的归属感和凝聚力。Shea & Guzzo(1987)认为任务互依性能够增加员工对其他人工作的责任感。Peare & Gregerson(1991)用社会促进效应和印象管理的动机解释了任务互依性和个体工作责任感之间的积极关系。Wageman(1995)发现,任务互依性越高的团队具有越强的合作规范,以及越高的团队过程质量与团队满意度。Van der Vegt, Emans & Van de Vliert(2000)对技术顾问团队进行了研究,结果显示,任务互依性与个体工作/团队满意度、工作/团队承诺都呈正相关关系;2001 年他们又对教学团队和工作团队进行了研究,结果表明,团队层面的任务互依性与团队成员的工作/团队满意度呈正相关。Ramamoorthy & Flood(2004)指出,任务互依性能够正向影响团队忠诚。

任婧和王二平(2011)采用问卷调查法对 46 个工作团队进行研究,发现任务互依性能够正向影响团队承诺。

还有一些研究却发现,任务互依性与员工的积极情感之间存在负相关或者根本没有相关性(Somech, Desivilya & Lidogoster, 2009;任婧、王二平,2007)。这是因为任务互依性不仅可能带来团队成员之间的相互合作,也有可能引发成员之间的人际冲突(Wilmot & Hocker, 2001)。在任务互依性高的团队里,成员之间的交流、互动更为频繁,也使冲突发生的概率大大增加(Jehn, 1995; Xie, Song & Stringfellow, 1998)。Schopler(1986)指出,随着任务互依性的提高,某些成员可能会采取竞争性的手段以获取更多的资源和权力。Steiner(1972)将这种通过提供不正确的沟通、彼此的不信任、资源转移的滞后阻碍彼此任务绩效的现象称为"过程损失"(Process Losses)。随着任务互依性的增加,团队成员将获得更多的机会来阻碍彼此之间的信息、资源,造成个体工作责任感、满意度和团队承诺的下降。正是由于这种"过程损失",使得任务互依性和结果变量之间的关系变得不确定,甚至负相关了。

第二,对行为和绩效的影响。

许多研究表明,任务互依性能够正向影响团队中的帮助行为、亲社会行为、组织公民行为(Peare & Gregerson, 1991; Van der Vegt & Van de Vliert, 2005),也有助于促进团队沟通、团队学习、团队冲突等其他团队互动行为的产生(Somech, Desivilya & Lidogoster, 2009;王艳子、罗瑾琏、史江涛,2014)。Peare & Gregerson(1991)对 290 个医院的医护和行政人员进行的调查表明,任务互依性通过员工的责任感知增加了角色外行为。Van der Vegt & Janssen(2003)对金融服务团队的研究结果显示,在异质性团队中,任务互依性和目标互依性越高的成员,其创新行为也越多。Allen, Sargent & Bradley(2003)对 57 个团队进行了问卷调查,结果显示任务互依性越高的团队帮助行为也越多。Ramamoorthy & Flood(2004)发现,任务互依性正向影响亲社会行为。Van der Vegt & Van de Vliert(2005)通过一项纵向研究发现任务互依性对团队中的帮助行为有正向的预测作用。Somech, Desivilya & Lidogoster(2009)的研究发现,当团队认同高时,任务互依性与合作性冲突的正相关效应更加明显。王艳子、罗瑾琏和史江涛

(2014)以 61 个研发团队为调研对象,探讨任务互依性、团队学习与团队创造力之间的关系,结果表明任务互依性对团队创造力产生正向影响,团队学习在其中起着部分中介作用。

任务互依性也能够影响个体与团队的工作绩效。Campion, Medsker & Higgs(1993)研究指出,团队水平上的任务互依性与成员评价的团队作业绩效之间呈正相关关系。Saavedra, Earley & Dyne(1993)研究了任务互依性、目标互依性和反馈互依性对团队绩效的影响,结果发现,在任务互依性低的情况下,只有目标和反馈互依性都是低水平的时候,团队绩效才最高;在任务互依性高的情况下,只有目标和反馈互依性都是高水平的时候,团队绩效才最高。Wageman & Baker(1997)发现,任务互依性和薪酬互依性的交互作用会对团队绩效产生影响。Stewart & Barrick(2000)认为任务互依性和团队绩效的关系是非线性的,这种非线性关系会随着任务类型的不同而发生变化。Rico & Cohen(2005)研究发现,任务互依性和沟通同步性的交互作用会对团队绩效产生影响,在低任务互依性并且成员异步沟通,或者高任务互依性并且成员同步沟通这两种情况下,虚拟团队的绩效水平最高。Courtright et al. (2015)的元分析结果显示,任务互依性通过在团队中产生以任务为焦点的互动,进而正向影响了团队绩效。

（2）任务互依性的调节作用

除了将任务互依性作为自变量之外,一些学者也将其作为调节变量进行研究,其中,最多的是检验任务互依性在一些团队/个体变量与团队/个体绩效之间关系上的调节作用。Liden, Wayne & Bradway(1997)以服务业和制造业团队为调研对象进行的研究显示,当任务互依性水平提高时,决策的团队控制与团队绩效之间的正相关关系加强。Jehn, Northcraft & Neale(1999)发现,信息差异性通过作业冲突对团队绩效有正向影响,任务互依性对这一过程有调节作用。Langfred(2005)的研究发现,任务互依性能够调节工作自主性和工作绩效之间的关系,并且在不同层面存在着不同的调节效应。Aubé & Rousseau(2005)对加拿大 74 个工作团队进行研究,发现团队的目标承诺和团队绩效之间呈正相关,而任务互依性在其中起调节作用。Liden et al. (2006)认为任务互依性能够调节领导成员交换差异性与团队绩效之间的关系,当任务互依性高时,领导成员交换差异越大,团队绩效越高;当任务互依性低时,领导成员交换差异与团队绩效无关。Gully,Devine & Whitney(2012)的元分析结果显示,任务互依性能够调节凝聚力与绩效之间的关系。Vidyarthi,Anand & Liden(2014)指出,任务互依性能够调节领导者情绪感知与员工工作绩效之间的关系。胡进梅和沈勇(2014)对研发人员进行了一项问卷调查,结果显示,任务互依性在工作自主性与创新绩效关系之间存在调节作用。张正堂、刘颖和王亚蓓(2014)通过对141名被试以三人团队形式进行的实验发现,任务互依性能够调节团队薪酬设计与团队绩效的关系。

除了将任务互依性作为其他变量与工作绩效之间关系的调节作用以外,任务互依性还可以对其他一些结果变量产生调节效应。例如,Regts & Molleman(2013)对149名护士进行的问卷调研结果显示,任务互依性加强了员工获得的人际公民行为(ICB)对工作满意度的正向影响,也加强了员工获得的人际公民行为对离职倾向的负向作用。Ozer,Chang & Schaubroeck(2014)探讨了任务互依性在组织公民行为对感知到的压力水平作用中的调节效果,结果表明,高任务互依性会加强注重个体的组织公民行为(OCBI)对挑战性压力的影响,并且减弱注重个体的组织公民行为对阻碍性压力的影响。

(3)任务互依性研究总结

通过上述对国内外现有的任务互依性文献的系统梳理与回顾,我们可以发现:

首先,从数量上看。虽然学者们对任务互依性进行了一些探讨,但总体而言,研究成果不是非常多,特别是将任务互依性作为自变量,直接探讨它对团队或员工情感态度、行为和绩效影响的文章更为匮乏,绝大多数的研究都是将任务互依性视为代表工作特征的情境变量(Courtright et al.,2015)。

其次,从时间上看。不管是将任务互依性作为自变量还是调节变量的研究,大多都发于2005年之前,近十年对任务互依性的研究似乎有些停滞不前,并且仅有的文章中大部分还只是把它当作工作情境变量,几乎没有直接的研究去探讨任务互依性会对个体或者团队的情感态度、行为绩效带来怎样的影响。

再次,从内容上看。在将任务互依性视为调节变量的研究中,最多的就是检验其在一些团队(或个体)变量与团队(或个体)绩效之间关系上的调节作用。而在将任务互依性视为自变量,直接探讨其可能产生的影响的现有文献中,结果变量的选取主要集中在责任感、满意度、组织公民行为、绩效上,缺乏将一些新的变量引入到对任务互依性的研究中来,探索任务互依性可能会对更多的结果变量产生的影响。另外,在现有文献中,我们发现探讨任务互依性作用机制的文章也相对比较少。

最后,从结果上看。虽然任务互依性已经被证明对个体和团队有直接的影响,但是研究结论并没有达成共识。有的研究认为任务互依性与成员的情感态度、行为绩效之间呈正相关关系,也有研究发现任务互依性会负向影响成员的情感态度、行为和绩效。研究结果的不一致意味着需要更多的研究去发掘其中可能的情境因素发挥的调节作用,或者跳出线性关系的惯性思维,去探索是否存在非线性关系。

2.2.4　任务互依性对建言行为的研究综述

通过 2.1 部分对建言行为已有文献的回顾与总结,我们发现在现有对建言行为前因变量的研究中,忽视了对工作本身特征与属性的检验。因此,目前尚未出现直接研究作为工作特征之一的任务互依性如何影响员工建言行为的文献,这正是本研究最重要的贡献所在。本研究将经典的工作特征理论引入到建言行为的研究中,并选取一个典型的、具有时代背景的、描述社会属性的工作特征——任务互依性,探讨其对建言行为会产生怎样的影响,而这个影响在不同性格的员工身上又会发生怎样的变化。

虽然目前没有直接研究任务互依性对建言行为影响的文章,但通过对任务互依性现有研究的梳理,我们发现已有一些关于任务互依性对帮助行为和组织公民行为影响的研究成果。建言行为与帮助行为、组织公民行为虽同为员工角色外行为,但是有明显区别。这是因为,建言行为虽然是员工出于好心的一种主动性行为,但由于其旨在改变现状的挑战性本质,往往会给建言者带来负面效应,具有更大的风险。员工对是否帮助他人和是否建言他人的压力感知是不同的,帮助他人通常会使受到帮助的人感激,产生积极影响;而建言他人很有可能会得罪人,引发冲突,产生消极影响。因此,我们一方面可以借鉴、参考这些任务互依性对帮助行为、组织公民行为影响的研究成果,但是又不能将其与任务互依性对建言行为影响的过程与结果完全简单等同起来。

Peare & Gregerson(1991)对 290 个医院工作人员进行了问卷调研,结果显示:任务互依性与员工的角色外行为呈正相关关系,个体的责任感知起着中介作用。Allen, Sargent & Bradley(2003)研究认为,任务互依性越高的团队,成员之间的帮助行为也越多。Ramamoorthy & Flood(2004)发现,任务互依性能够正向影响员工的亲社会行为。Van der Vegt & Van de Vliert(2005)通过一项纵向研究发现任务互依性对团队中的帮助行为具有正向的预测作用。

基于上述文献可以看出,现有研究成果基本表明任务互依性能够正向影响团队成员的帮助行为和组织公民行为。这主要是基于以下三个原因:① 任务互依性的提高往往是工作任务本身的难度和复杂程度增加所要求的,因此想要完成这样的工作本来就需要成员之间更多的相互协作(Allen, Sargent & Bradley, 2003;Bachrach, et al., 2006;Thompson, 1967;Van der Vegt & Van de Vliert, 2005);② 任务互依性程度高的工作能够增强个体对他人和团队工作产出的责任感,提高个体的工作动机(Peare & Gregerson, 1991;Ramamoorthy & Flood, 2004);③ 任务互依性高的工作要求团队成员之间频繁地接触与交流,通过彼此的沟通可以促进了解、加深感情,从而引发更多的帮助行为和组织公民行为(Nielsen, et al., 2012)。

2.3 大五人格与建言行为

2.3.1 人格特质理论的发展

人格(Personality)也称个性,是个体在生物遗传因素的基础上,通过与社会环境的相互作用而形成的、相对稳定和独特的心理行为模式,它与个体在工作中表现出来的思维方式和行为风格有着密切关联(姚若松、陈怀锦、苗群鹰,2013),一直以来都是心理学、社会学、组织行为学等领域的热门研究课题。

　　大量心理学家采用不同的研究方法和视角,对人格进行了广泛而深入的研究,形成了诸如人格特质理论、精神分析人格理论、人本主义人格理论、学习理论等众多有关人格的理论与流派。人格特质理论是其中非常重要的一个流派,该理论认为,人格是由影响人行为的各种品质或特性构成的,这些品质或特性被称之为特质,特质共同构成了个体内在的、稳定的、持久的特征系统。

　　个体心理学创始人高尔顿(Galton,F.)在1884年最早提出了个体特征差异这一研究思想,他在实验室内通过对被试进行人类学测量、心理测量和问答法,发现个体之间存在差异,并且他认为遗传是形成个体差异的原因。

　　人格特质理论的真正产生和迅速发展是从20世纪40年代前后到60年代,奥尔波特(Allport,G. W.)、卡特尔(Cattel,R. B.)、艾森克(Eysenck,H. J.)都是其中的代表人物。

　　奥尔波特将人格特质区分为共同特质和个体特质。共同特质指的是属于同一文化形态下的人们所共有的一些人格特质,它是在共同的生活方式下形成并普遍存在于每一个人身上的。从共同特质来看,个体间的差异不是"你有我无",而只是多寡和强弱不同而已。个体特质指的是个体所独有的人格特质。奥尔波特特别重视个体特质,他又进一步把个体特质按其对人格不同的影响和作用,细分为首要特质、重要特质和次要特质三种。其中,首要特质是个人最重要的特质,它在人格结构中处于支配地位,影响到个体行为的所有方面。不过,这个首要特质不一定每个人都具有(Allport,1931)。

　　卡特尔认为特质是人格的基本单位,有必要对人格特质做分类,并一直把因素分析的统计方法应用于人格心理学的研究中。他的主要贡献之一是1949年首次发表《卡特尔十六种人格因素量表》,该量表被公认为是权威的个性测量方法,至今仍被广泛运用于全世界各领域学者的研究中。此外,卡特尔认为人格大约有三分之二是由环境决定的,还有三分之一来源于遗传基因。他还发现随着个体年龄的增大,特质将有相当大的稳定性(Cattell,1943,1945;Cattell & Eber,1950)。

　　艾森克在卡特尔研究的基础上,对人格特质进行了进一步的统计分析,找出了更稳定的特质。他认为研究人格特质有时可能会含混不清,只有研究人格维度才能区分得更清楚,并提出了人格的三个基本维度:外倾性、神经质、精神质。外倾性表现为内、外倾的差异,神经质表现为情绪稳定性的差异,精神质表现为孤独、冷酷、怪异等负面的人格特征(Eysenck,1968)。

2.3.2　大五人格的含义

大五人格(Big-Five Personality)是近年来被普遍接受并广泛应用的人格分类及测量法,它属于人格特质理论,是经过几代心理学家的不懈努力才最终被发现的(Hough, Oswald & Ock, 2015)。高尔顿首先提出基本词汇假设:个体差异都可以用自然词来表示;奥尔波特在此基础上论证了个体特质的存在,他通过查阅词典选出 17953 个描述人格特征的词语,后又精简到4504 个形容词;卡特尔使用奥尔波特的特质词表,采用因素分析法,确定了16 个因素;艾森克在卡特尔研究的基础上又进一步抽取出 3 个维度;最后,大五人格被 Goldberg(1981)和 Costa & McCrae(1985)正式提出。Goldberg(1981)提出的大五人格结构和 Costa & McCrae(1985)提出的人格五因素模型(Five-Factor Model,FFM),被认为是五因素人格理论产生的标志和人格研究的共识(陈基越等,2015)。

所谓大五人格,是指人格特质的五个维度:开放性(Openness to Experience)、尽责性(Conscientiousness)、外向性(Extraversion)、宜人性(Agreeableness)、神经质(Neuroticism),每一个维度都包含正负两极,如下图 2.1 所示。大五人格中每一个维度的首字母连在一起正好组成"OCEAN"即"海洋"的意思,寓意这一模型具有广泛的代表性。

(1) 开放性

开放性,又称为经验开放性,用来评价个体对自身经验的依赖程度,以及对新经验和不熟悉环境的接受程度。其得分高者特征是:好奇的、兴趣广泛的、有创造性的、非传统的、有想象力的、思辨的;得分低者特征是:保守的、兴趣狭窄的、无艺术性的、传统的、无想象力的、无分析能力的。这一维度包括想象力、审美、感受丰富、尝新、思辨、价值观 6 个子维度。

开放性

易幻想、好奇、有创造性的　　实际的、兴趣狭窄的、迟钝、想象力贫乏、刻板的

尽责性

努力、有组织计划性、可靠、谨慎的　　冲动、粗心、懒惰无条理的、不负责任的

外向性

合群的、精力充沛的、好表现、好交际的　　羞怯的、有保留的、孤僻的

宜人性

随和、得体、热情、令人愉快的、周到的　　冷漠、独立、粗鲁、令人不快的

情绪稳定性

冷静、稳定、平和、自信　　焦虑、忧郁、喜怒无常的

图 2.1　大五人格模型

资料来源:陈春花、杨忠、曹洲涛等编著,《组织行为学》(第 2 版),2012 年,机械工业出版社,第 36 页。

(2) 尽责性

尽责性,又称为责任意识,用来评价个体完成目标的动机情况、发起行为的持久性,以及完成目标的坚定信念。其得分高者特征是:努力的、有组织计划性的、可靠的、干净利落的、有毅力的;得分低者特征是:懒惰无条理的、冲动的、不负责任的、粗心的、意志薄弱的。这一维度包括胜任力、条理性、尽责、追求成就、自律、深思熟虑 6 个子维度。

(3) 外向性

外向性,又称为外倾性或社交性,用来评价人际互动的数量和密度、对刺激的需要,以及获得愉悦的能力。其得分高者特征是:合群的、热情的、乐观的、好表现的、好交际的;得分低者特征是:孤僻的、独立的、保守的、退缩的、羞怯的。这一维度包括热情、乐群性、独断性、精力充沛、寻求刺激、积极情绪 6 个子维度。

(4) 宜人性

宜人性,又称为利他性或随和性,用来评价个体对其他人及事物所持的

态度。其得分高者特征是:随和的、有同情心的、信任他人的、宽容的、合作的;得分低者特征是:敌对的、自私自利的、怀疑的、无情的、攻击性的。这一维度包括信任、坦诚、利他、顺从、谦逊、同理心6个子维度。

（5）神经质

神经质,其反义的表述是情绪稳定性,用来评价个体的情绪稳定性以及情绪调节能力。其得分高者特征是:情绪化的、忧郁的、警觉的;得分低者特征是:稳定的、平和的、放松的。这一维度包括焦虑、生气敌意、沮丧、自我意识、冲动性、脆弱性6个子维度。

2.3.3 大五人格的相关研究

随着大五人格被广泛认可,工业与组织心理学的研究者也将其带入对组织行为的研究中,发现大五人格对工作绩效、工作动机和态度、其他行为等都会产生深远的影响。

（1）大五人格与工作绩效

组织想要获得高水平的员工绩效,最直接的方法就是在选拔时采用高效的选拔工具。在过去几十年中,很多企业都将人格测验用于人事选拔中。在大五人格出现之前,学者们采用其他量表得出的结论不太统一,甚至认为人格特质和工作绩效之间没有关系,用人格特质几乎无法预测工作绩效。但随着20世纪80年代大五人格理论的提出及逐步成熟,人格特质与工作绩效关系的研究取得了重大突破,大五人格被广泛运用于人事选拔,学者们也可以通过对不同研究采用元分析的方法,考察大五人格和工作绩效之间的关系(Barrick,Mount & Judge,2001;任国华、刘继亮,2005)。

研究大五人格与工作绩效关系的学术成果非常丰硕,我们又可以进一步将工作绩效划分为个体层面的个体工作绩效,以及团队层面的团队工作绩效,通过对这些研究成果进行更为细致深入的梳理,探讨大五人格对它们产生的影响。

个体工作绩效。Borman & Motowidlo(1993)将个体工作绩效区分为任务绩效(Task Performance)和周边绩效(Contextual Performance)两种。其中,任务绩效是指与个体工作产出直接相关的,能够直接影响其工作结果的活动,它主要与个体的经验、能力、知识密切相关;周边绩效又称关系绩效,它虽不是直接的生产或服务活动,但却可以营造良好的组织氛围,对完成工作任务有促进作用。Motowidlo,Borman & Schmit(1997)进一步指出,人格对周边绩效的预测效果要强于对任务绩效的。其他学者的研究大部分也支持 Motowidlo,Borman & Schmit 的观点,认为大五人格可以较好地预测工作绩效,特别是周边绩效,一系列的元分析和综述文章可以为此提供有力的依据(Barrick & Mount,1991;Huang et al.,2014;Vinchur et al.,1998)。

Barrick & Mount(1991)认为,人格特质可以预测工作绩效。他们选取 5 种职业群体(管理者、警察、专业人员、技工、销售人员)的被试,对 117 个研究进行元分析,考察大五人格对三类工作绩效(上级评价、培训成绩、人事记录)的影响,结果显示,尽责性能够有效地预测所有职业群体的工作绩效,而其他维度只对某些职业或某些指标有预测效度。例如,外向性对看重人际交往的工作(如管理、销售)具有一定的预测作用,宜人性对工作绩效的预测效果不佳。

Tett,Jackson & Rothsterin(1991)的元分析发现,大五人格的所有维度均能够有效地预测工作绩效,并且所有维度的预测效应都高于 Barrick & Mount(1991)的结果。随后,Barrick & Mount(1996)的研究指出,他们先前的元分析低估了尽责性对个体工作绩效的预测效果。

Salgado(1997)选取在欧洲取样的研究作为元分析的研究对象,结果发现,对绝大多数职业群体而言,尽责性和情绪稳定性能够有效地预测工作绩效,开放性能够较好地预测警察和技术工人的绩效,外向性能够较好地预测管理者和警察的绩效,宜人性对管理者、专业人员和技术工人的绩效以及习得性熟练度预测力较高。该研究为大五人格在工作绩效预测上提供了跨文化依据。

Vinchur et al.(1998)对销售人员的绩效预测源进行的元分析结果显示,大五人格中外向性的子维度"精力充沛"和尽责性的子维度"追求成就"对上级评价和销售绩效均有较好的预测效果。

Barrick,Mount & Judge(2001)对考察大五人格和工作绩效之间关系的 15 个元分析进行了总结,结果表明,尽责性是大五人格对所有形式的绩效都具有一致和普遍预测力的;情绪稳定性也是整体工作绩效的一个普遍预测因子,但是它对一些绩效和一些职业的预测效果没有尽责性好;外向性、开放性和宜人性对整体绩效并没有预测效力,它们只是对个别绩效和个别职业具有预测效果。

Penny,David & Witt(2011)将工作绩效区分为任务绩效、周边绩效和反生产行为,文献综述的结论表明,在大五人格的五个维度中,尽责性对这三种绩效具有最强、最一致的预测力;情绪稳定性能够较好地预测任务绩效和反生产行为,但是与周边绩效无关;宜人性和外向性对任务绩效的影响结果不太统一,但宜人性对周边绩效和反生产行为有较强的预测效果,外向性与周边绩效、反生产行为的关系较为微弱;开放性与这三种绩效的关系都不明显。

Huang et al.(2014)用元分析的方法考察了人格特征与适应性绩效(Adaptive Performance)的关系,适应性绩效是为了顺应组织快速变革的需要而提出的一个新概念,主要指广义上的适应性行为(Pulakos,et al.,2000)。考察结果发现,情绪稳定性是反映适应性绩效的主要预测变量,开放性与适应性绩效无关。

中国的学者也对大五人格与个体工作绩效的关系展开了自己的研究。任国华、刘继亮(2005)对大五人格和工作绩效的关系进行了综述。唐春勇、胡培、陈宇(2008)对两地三种类型的企业发放了 736 份问卷,探讨个性子维度与关联绩效子维度(人际促进和工作奉献)的关系,结果表明,外向性、尽责性均与人际促进和工作奉献显著正相关;宜人性与人际促进显著正相关,与工作奉献不相关;开放性对人际促进和工作奉献均无显著影响;神经质对人际促进和工作奉献均有负面影响。姚若松、陈怀锦、苗群鹰(2013)对于 1 277 名公交行业一线员工的研究表明,尽责性和外向性对关系绩效的影响显著,神经质、宜人性和开放性对关系绩效的影响不显著。还有一些学者也对大五人格和工作绩效的关系进行了较为系统地回顾与梳理(任国华、刘继亮,2005;张兴贵、熊懿,2012;钟建安、段锦云,2004)。

团队工作绩效。从上述的回顾我们可以看出,人格特质常被用于解释或预测个体的工作绩效。团队成员在人格特质上的差异会造成彼此行为上的差异,而这种行为的差异往往也会影响团队的工作绩效(Mount & Barrick,1998;刘宁,2011)。

Barry & Stewart(1997)发现,团队成员外向性的平均得分与任务的专注度呈负相关,与团队绩效呈倒 U 型关系,尽责性、宜人性、情绪稳定性的平均得分与团队绩效呈正相关。Neuman,Wagner & Christiansen(1999)探讨了团队人格特质的平均水平和方差对团队绩效的影响,结果发现,尽责性、开放性、宜人性的平均水平对团队绩效有正向影响,外向性、情绪稳定性的方差对团队绩效有正向影响。Halfhill et al.(2005)的研究发现,团队尽责性和宜人性的平均水平和最小值对团队绩效有正向影响,团队宜人性的方差对团队绩效有负向影响。Wang et al.(2010)研究了中国情境下合作目标和团队宜人性特质对团队建设性争论的影响,结果表明,团队宜人性方差是建设性争论的一个前因,它们的关系受到团队宜人性水平的调节。

(2)大五人格与工作动机和态度

Judge & Ilies(2002)用元分析的方法探索大五人格与三大工作动机(目标设置、期望、自我效能感)之间的关系,结果显示,神经质与三个工作动机都负相关,尽责性与三个工作动机都呈正相关关系,外向性和开放性均是目标设置和自我效能感的显著正向预测因子,宜人性是目标设置的显著负向预测因子。

Judge,Heller & Mount(2002)对 163 个独立样本中的 334 个相关数据进行了元分析,结果表明,外向性和尽责性与工作满意度显著正相关,神经质与工作满意度显著负相关,宜人性和开放性对工作满意度没有直接的影响作用。

(3)大五人格与角色外行为

学者们除了探讨大五人格与工作绩效、工作动机、工作态度的关系之外,还研究了大五人格对组织公民行为、创造性行为、建言行为、反生产行为等角色外行为产生的影响。

Chiaburu et al.(2011)的一项元分析结果显示,尽责性、情绪稳定性和外向性均会对组织公民行为和任务绩效产生重要的影响,而开放性和宜人性对组织公民行为的影响要高于对任务绩效的影响。

George & Zhou(2001)发现,开放性能促进创造性行为的发生,而尽责性会阻碍创造性行为的发生。Xu,Jiang & Walsh(2016)在爱尔兰对 199 名员工进行的问卷调查结果显示,开放性对渐进式创新和突破式创新均有显著的正向预测作用。

段锦云、王重鸣、钟建安(2007)通过对国有企业白领员工发放调查问卷,探索了大五人格和组织公平感对建言行为的影响:尽责性和外向性对建言行为有显著的正向预测作用,开放性对建言行为有显著的负向预测作用。段锦云和钟建安(2009)将建言行为与组织公民行为进行了对比,并考察了大五人格对这两种行为的影响,结果发现,大五人格对两类角色外行为的影响既有一致的方面,又有不同的一面。尽责性与两类行为呈正相关;开放性与两类行为呈负相关;宜人性与组织公民行为呈正相关,与建言行为呈负相关。

Penny, David & Witt(2011)认为,大五人格中的尽责性、神经质、宜人性都能够较好地预测反生产行为,外向性与反生产行为的关系较为微弱,开放性与反生产行为的关系不明显。刘文彬等(2014)基于 33 家企业的 421名员工的数据分析结果显示,尽责性和宜人性对组织中的反生产行为有显著的负向影响,神经质对反生产行为具有显著的正向影响。

李涛、张文韬(2015)将人格特质细分为大五维度下更为具体的 14 个细类,实证分析了户主人格特质对家庭股票投资行为的影响,结果发现仅有开放性维度下的价值观人格特质对家庭股票投资有着显著且稳健的正向影响。

(4) 大五人格研究总结

通过对大五人格文献进行的回顾与总结,我们可以发现,自大五人格被提出以来,引起了学术界和实践界广泛的兴趣与关注,涌现出一大批高质量的研究。有很多关于大五人格的元分析文章,主要是围绕大五人格各个维度分别会对工作绩效各个维度产生怎样的影响这一主题。我们可以从这些研究中得到如下几个基本结论:① 大五人格能较好地预测工作绩效,它对周边绩效的预测效果要好于对任务绩效的预测效果,这主要是由于任务绩效更多的是受能力影响,而人格代表个体的思维方式和行为倾向,更多会影响的是周边绩效;② 一般而言,尽责性对绩效具有较好的预测效度,神经质在很多方面都会对个体带来负面影响;③ 宜人性对服务性工作是一个较好的预测因子,外向性对管理类工作具有较好的预测效果,开放性对创造性行为有正向的影响作用。

虽然学者们已经为我们提供了大量的研究成果,但是关于大五人格的研究并没有停止,仍有一些值得继续挖掘与探索的方向。① 要关注人格特质的负面作用。之前的研究大多数都是探讨大五人格的正面影响,虽然关于神经质这个维度的大部分研究都是从负面角度出发,但是并不意味着其他四个维度只有正面影响却没有负面作用,例如,尽责性高未必一定是好事,外向性也可能会造成冲动等。所以,我们应当用辩证的观点看待大五人格中的每个维度,跳出线性思维,去全面地分析人格与工作行为的关系。② 要关注工作情境的作用。关于人格和工作行为关系的研究过分集中于大五人格上,我们只能了解个体人格的侧面,不能从整体上理解一个人在工作中的行为方式(张兴贵、熊懿,2012)。因此,既然我们想要去全面理解人格与工作行为的关系,那就应该将工作情境更多地加入对大五人格的研究中。③ 要关注具体的行为,特别是角色外行为。现有研究中大五人格的结果变量多为比较宽泛的概念,比如工作绩效、组织公民行为等,这些概念往往还有一些细分子维度,这些维度之间虽然有共同点,但也存在着差异,这就意味着大五人格对这些子维度的影响可能是不一样的,目前已有研究给我们做了这方面的示范,例如段锦云和钟建安(2009)发现大五人格对建言行为与组织公民行为的影响既有一致的方面,又有不同的一面。所以,我们可以选取一些具体的、有特点的、有实践意义的结果变量,考察大五人格对它们产生的影响。

2.3.4 大五人格对建言行为的研究综述

大五人格是一个相对成熟、应用普遍的人格特质理论,已经被很多研究者用来预测个体的工作态度、工作绩效、工作行为等结果变量。但是,直接研究大五人格对建言行为影响的文章不是很多,在 Thomas,Whitman & Viswesvaran(2010)对描述员工主动性行为进行的元分析中,可以发现没有几篇这样的研究。

LePine & Van Dyne(2001)将建言行为视为一种周边绩效,他们通过对 276 名被试进行的实验室研究,发现大五人格能够预测建言行为。具体而言,当个体的尽责性越高、外向性越高、神经质越低、宜人性越低时,建言行为就越容易产生。Crant,Kim & Wang(2011)延续了 LePine & Van

Dyne(2001)关于人格对建言行为预测效果的研究,并通过对 244 名 MBA 和大学生的问卷调查,得到大五人格维度中只有外向性和尽责性能够正向预测建言行为的结论。

国内学者也展开了一些对大五人格和建言行为关系的研究。段锦云、王重鸣、钟建安(2007)基于 361 名员工的问卷调查数据,发现尽责性、外向性与建言行为呈显著正相关关系,开放性与建言行为呈显著负相关关系。段锦云和钟建安(2009)通过将建言行为与组织公民行为相对比,进一步实证检验了外向性与建言行为的正相关,以及宜人性、开放性与建言行为的负相关关系。

虽然文献不多,但是基于有限的文献我们可以看出,学者们主要认为大五人格维度中的外向性和尽责性能够正向地预测个体的建言行为(Morrison,2014)。这主要是因为:外向性水平越高的个体一般越好交际、越健谈,也越乐于及善于与他人分享自己的观点。建言行为具有一定的风险性,只有本身就喜欢表达的人才越有可能建言(LePine & Van Dyne,2001);而尽责性水平越高的个体一般工作责任感也会越强,越具有成就取向(Achievement Orientation),因此也就越愿意为了改善现状而做出改变,并且越倾向于坚持说明自己的主张(Crant,Kim & Wang,2011)。

但也有学者认为人格变量不同于个体的知识、技术、能力,用线性模型来表征人格与工作行为的关系是值得商榷的。许多人格变量和工作行为的关系是非线性的,并非分数越高越好,我们也需要关注人格特质的负面作用(张兴贵、熊懿,2012)。例如,Thomas,Whitman & Viswesvaran(2010)提到,尽责性与主动行为之间并非简单的线性关系,因为尽责性高的个体更倾向于遵守规则,规避那些挑战现状的风险。

2.4 情绪耗竭与建言行为

2.4.1 情绪耗竭的定义

情绪耗竭(Emotional Exhaustion)是工作倦怠(Job Burnout)最重要、最核心的维度。"倦怠"一词最早由 Freudenberger(1974)提出,他认为倦怠是一种在助人行业中最容易出现的情绪性耗竭的症状。随后这一概念受到心理学和管理学等领域学者们的广泛关注。Maslach & Jackson(1981)将工作倦怠定义为个体在应对工作时所产生的一种情绪耗竭、去个性化和个人成就感降低的症状,并将其分为三个维度:情绪耗竭(Emotional Exhaustion)、去个性化(Depersonalization)和个人成就感降低(Reduced Personal Accomplishment)。其中,情绪耗竭指一种过度的付出感以及情绪资源的耗竭感;去个性化指对他人消极、冷漠,把他人当作物而不是人来看待;个人成就感降低指对自己产生负面的、消极的评价。这是迄今为止最被广泛认可的工作倦怠模型,虽然情绪耗竭、去个性化和个人成就感降低具有不同的重要性,但情绪耗竭是工作倦怠的核心内容(Bakker, Demerouti & Sanz-Vergel, 2014)。情绪耗竭是过度使用心理和情绪资源后产生的疲劳状态,是由工作场所的压力源所导致的一种压力反应结果(Maslach, Schaufeli & Leiter, 2001)。

2.4.2　情绪耗竭的相关研究

(1) 情绪耗竭的影响因素

可能引发个体情绪耗竭的因素主要包括个体特征因素和工作特征因素两大类。

第一,个体特征因素。

人口统计学变量。性别、年龄、工作年限、婚姻状态等人口统计学变量都会对个人的情绪耗竭程度产生影响。Jackson & Maslach(1982)指出,年龄和性别会影响情绪耗竭,年轻人和女性的耗竭水平更高。Gaines & Jermier(1983)通过对警察群体的研究发现,男性和女性的工作倦怠差异显著,年轻人报告出更高程度的工作倦怠,工作经历丰富的人报告出更低程度的情绪耗竭,已婚人士和有小孩的人士报告出更低的工作倦怠。

个性和能力。除了人口统计学变量之外,人格特质和能力也会对个人的情绪耗竭程度产生影响。Alarcon, Eschleman & Bowling(2009)的元分析证实了个性确实会影响工作倦怠,大五人格中的四个维度(情绪稳定性、外向性、尽责性、宜人性)均与工作倦怠的三个维度(情绪耗竭、去个性化、个人成就感降低)负相关,开放性只与个人成就感正相关。其中,情绪稳定性是情绪耗竭和去个性化最强的预测因子,外向性是个人成就感最强的预测因子。吴维库、余天亮和宋继文(2008)发现情绪智力与工作倦怠的三个维度均呈负相关关系。

第二,工作特征因素。

工作要求。工作倦怠的概念最早产生于服务行业,那些有情绪压力的、与人打交道的工作更容易产生倦怠。Hochschild(1983)提出了情绪劳动的概念,并将其定义为员工在服务接触中使用自己的情绪资源,并通过外显的面部、声音、表情显示出来的劳动形态(李嘉等,2015)。Hochschild认为情绪劳动中的表层伪装由于内在真实的感受与外在表现的情绪不一致,因而会导致情绪耗竭的发生,这一结论也得到Grandey(2003)的支持。另外,许多研究都表明,工作量、工作过载、时间压力均与工作倦怠(尤其是情绪耗竭)存在显著正相关关系(Coffey & Coleman,2001;Moore,2000)。

角色冲突和角色模糊。众多研究表明,职业中的角色冲突和角色模糊能显著地影响情绪耗竭(Lee & Ashforth,1996;Moore,2000)。美国一项针对饭店业的研究发现,饭店服务员感受到压力的一个很大原因是他们长期处于这样的冲突中:顾客要求尽快上菜,而厨师却不能及时把菜做好(Harden,1999)。

支持和资源。工作中缺乏支持和资源会引起工作压力(Bakker & Demerouti,2007)。张莉、林与川和张林(2013)以中国企业员工为研究对象,探讨工作不安全感和情绪耗竭的关系,结果发现工作不安全感会引发员工的情绪耗竭。这主要是因为工作不安全感作为一种对自身资源受到威胁的感知,会引发员工资源的投入和转移,这种不平衡的资源交换最终导致资源入不敷出和资源枯竭等消极后果。

(2)情绪耗竭的结果变量

情绪耗竭可能导致的结果也有很多,概括起来主要有身心健康方面以及绩效和行为方面两大类。

第一,身心健康方面。

情绪耗竭一方面会对个体生理健康方面造成严重的影响,如疲劳、高血压、头疼、肠胃功能紊乱等(Shirom et al.,2005;Toker & Biron,2012);另一方面也会对个体心理健康方面带来严重的影响,如失眠、焦虑、抑郁等

(Ahola,2007；Peterson et al.，2008)。Ahola(2007)发现工作倦怠与女性的肌肉骨骼疾病、男性的心血管疾病显著相关。Peterson et al.(2008)通过对超过 3500 名瑞典医护工作人员的调研数据发现,感受到工作倦怠与未感受到工作倦怠的员工在抑郁、焦虑、睡眠障碍、记忆障碍、颈部疼痛等一系列健康指标上存在显著的差异。由此可见,情绪耗竭是较显著的身心健康预测指标。

第二,绩效和行为方面。

情绪耗竭是工作态度的有效预测指标,也是工作绩效和行为显著的预测指标。Tetrick et al.(2000)指出,情绪耗竭会对工作满意度产生负向影响,即个体感受到的情绪耗竭程度越高,其工作满意度就越低。Cropanzanpo,Rupp & Byrne(2003)发现,情绪耗竭对组织承诺有显著的负向预测作用。许多研究表明,情绪耗竭还会导致个体的工作绩效下降、离职意愿增强、缺勤率提高。Taris(2006)发现情绪耗竭与客观绩效显著负相关,即个体情绪耗竭水平越高,其来自领导评价或同事评价的客观绩效就越低。Halbesleben & Bowler(2007)的研究表明,情绪耗竭不仅会降低员工的角色内绩效,而且还会降低员工的角色外绩效(如组织公民行为)。

(3) 情绪耗竭研究总结

基于上述对情绪耗竭已有文献的总结我们不难发现,目前对情绪耗竭的研究更多的是将其视为工作倦怠的一个维度来进行研究,这就导致对情绪耗竭的单独研究较少,且较为缺乏针对性。既然情绪耗竭是各行各业的员工都有可能经历的、较为普遍的一种负面心理状态,且往往容易给个体和组织都带来不好的影响,那么我们就有必要对其进行更为深入的、单独的、有针对性的研究,以便更好地探究情绪耗竭的影响因素以及作用结果,为预防或降低员工的情绪耗竭水平提供依据。

2.4.3 情绪耗竭对建言行为的研究综述

根据本研究整理,目前只有一篇文章直接检验了情绪耗竭对建言行为的影响。Qin et al.(2014)认为,情绪耗竭是一种个体缺少能量和情绪资源的状态,其与建言行为之间可能存在正向关系,也有可能存在负向关系。这是由于情绪耗竭水平高的个体可能通过建言的方式来获取更多的资源;也有可能因建言是一种消耗能量的行为,为了保存有限的情绪资源而越不愿意建言。他们以资源保存理论为基础,通过两组不同的调研数据均发现,情绪耗竭的个体确实会利用建言行为来保护或获取资源。在个体的工作安全感高或者组织的人际公平氛围好的情况下,情绪耗竭与建言行为之间呈U型关系;在个体的工作安全感低或者组织的人际公平氛围差的情况下,情绪耗竭与建言行为呈显著的线性负相关关系。

2.5 建言行为现有研究述评

基于上述对建言行为现有研究进行的系统回顾与总结,我们可以发现,正是由于其对企业管理具有现实意义,因此建言行为自概念提出以来,受到了中西方学者的广泛关注。虽然研究成果非常丰富,但仍有一些值得继续探索与研究的地方。

第一,绝大多数关于建言行为的研究都是基于社会交换理论视角,将建言行为视为是他人导向的。社会交换理论是 Blau(1964)提出的与经济交换相对应的概念,其核心思想是:当个体受益于他人时,就会产生回报他人的责任感。后来,学者将社会交换理论运用到员工建言行为的研究中,其主要逻辑是:组织(或领导)给予员工利益、关怀、支持等,通过互惠规范(Cropanzano & Mitchell,2005),使得员工产生回报组织(或领导)的责任感和动机,因而更容易表现出有利于组织(或领导)的角色外行为(如组织公民行为,建言行为等)。基于社会交换理论视角探讨建言行为影响因素的研究非常丰富,如心理安全感(Li et al.,2014;Troster & Van Knippenberg,2012)、工作满意度和组织承诺(Tucker & Turner,2015;Wang et al.,2014)、责任知觉(Liang,Farh & Farh,2012)、领导成员交换(Botero & Van Dyne,2011;汪林等,2010)等。

然而,建言行为不仅仅只能从社会交换视角加以解释,因为其也可能是基于自我导向的(Bolino,Turnley & Niehoff,2004;Van Dyne,Ang & Botero,2003)。例如,Ng & Feldman(2012)指出,建言行为除了是一种基于互惠规范而产生的服务他人的行为之外,也有可能是一种被用作个体调节自身资源的行为。Qin et al.(2014)采用两组不同数据的实证研究结果也证实了这种自我导向的建言行为的存在。从自我导向动机探讨建言行为的产生,主要是基于资源保存理论(Hobfoll,1989),该理论认为员工之所以建言是为了自身利益而保护、获取有价值的资源。

可见,虽然目前已有学者从理论上提出了自我导向的建言行为存在,也有学者进行了一些初步的实证尝试,但是绝大多数关于建言行为的研究仍然还是沿用基于他人导向的社会交换理论视角。这就意味着建言行为需要更多跳出他人导向动机这一传统思维的研究,更多地去探讨自我导向动机的建言行为的产生原因以及作用机理。

第二,关于建言行为的前因变量,学者们已从员工个体因素(性格特征、态度动机、心理感知等)、领导者因素(领导风格、领导个性特征、领导成员交换等),以及组织因素(组织氛围、文化价值观等)等各方面加以全面地剖析与丰富地讨论,但从工作设计理论视角,探讨工作本身的特征对员工建言行为会产生怎样影响的研究却是十分匮乏。Fuller,Marler & Hester(2006)检验了建设性变革的责任感(Felt Responsibility for Constructive Change)在工作设计特征影响员工的变化导向的建设性行为(Constructive Change-oriented Behavior)和主动性绩效(Proactive Performance)之间关系中的中介作用,其中工作设计特征有工作自主性、角色模糊等,变化导向的建设性行为有建言行为。周浩和龙立荣(2013)验证了员工工作不安全感对其建言行为的倒 U 型影响。杜鹏程、宋锟泰和汪点点(2014)基于对安徽省创新型企业的调研数据,发现工作自主性对科技研发人员的建言行为具有显著的正向影响,这一结论也得到了石冠峰和梁鹏(2016)研究成果的支持。然而,工作设计理论是一个包含多个概念的大领域,例如工作复杂性、工作多样性等很多工作特征仍未被纳入对建言行为的讨论中,未来的研究可以加强这方面的讨论。

2.6 本章小结

本章对员工建言行为的概念起源、发展脉络、前因变量、结果变量等进行了系统地回顾与总结,并且对任务互依性、大五人格及情绪耗竭的相关研究也进行了较为全面的概述。进一步地,本章还在梳理建言行为、任务互依性、大五人格、情绪耗竭相关研究文献的基础上,对已有的研究进行了评述和小结,为下一章的理论模型构建和研究假设提出提供了重要的理论基础。

第三章　理论基础与研究假设

3.1　理论基础

3.1.1　资源保存理论

资源保存理论(Conservation of Resource Theory)是 Hobfoll(1989)提出的一个新的压力研究理论模型,是从资源得失这一新视角来解释压力情境下的个体行为,在后续组织压力研究中得到广泛应用。

资源保存理论有一个基础假设:个体总是在积极努力地获取、保存和维护他们所认为的宝贵资源,如果发现资源可能受到损失,或者实际发生了损失,或者无法获取期望的资源时,个体就会感到压力和不安全感。资源有多种存在形式,Hobfoll 提出了四类资源:物质资源(Object Resources)、条件资源(Condition Resources)、个体资源(Personal Resources)以及能量资源(Energy Resources)。其中,物质资源是可以彰显个体社会经济地位的实物资源,如住房、汽车等;条件资源为个体获取关键性资源创造条件,如健康、工作、婚姻等;个体资源是协助个体应对压力的个人倾向,如自尊、自我效能、人格特质等;能量资源有助于个体获得其他三种资源,如金钱、时间、知识等。不管是何种形式的资源,都具有两个特点:一是降低个体的工作需求和心理需求,二是激励个体完成目标。

资源保存理论包括"资源保存"(Resource Conservation)和"资源获取"(Resource Acquisition)两大原则。资源保存原则是指,尽管有些资源的损失并不会给个体工作或生活造成实质影响,但资源往往有着高于其有形价值的象征价值,任何资源的损失都可能缩减个体的价值感知,因此,个体会极力保存已有资源,避免资源损失;资源获取原则是指,有些资源的损失是不可避免的,但这些资源消耗可能会给个体带来更高的资源回报(例如个体必须要耗费精力、时间等资源来完成工作任务,但是完成工作任务之后又可能给个体带来金钱、权力等更高的资源回报),因此,为了抵消未来可能发生的任何资源损失,个体会通过努力工作等行动来获取额外的资源。

基于"资源保存"和"资源获取"两个原则,资源保存理论有四个推论:① 拥有较多资源的个体较不容易从资源损失中受到伤害,且更有能力获取资源,拥有较少资源的个体较容易从资源损失中受到伤害,且更难获取资源;② 拥有较多资源的个体不仅更有能力去获取资源,而且初始的资源获取有助于进一步的资源获取;③ 拥有较少资源的个体不仅较容易从资源损失中受到伤害,而且初始的资源损失会导致进一步的资源损失;④ 拥有较少资源的个体倾向于采用防卫态度去保护其资源。

3.1.2 工作要求—资源模型

工作要求—资源模型(Job Demands-Resources Theory,JD-R Theory)的提出始于工作倦怠研究的深化。早期研究者将倦怠看作助人行业工作者因面临情绪和人际压力而体验到的一组负面综合症状,后来,很多研究发现倦怠现象也出现在非助人行业。由此可知,工作倦怠是各行各业的员工都有可能经历的、较为普遍的一种负面心理状态,其起因并非仅为情绪和人际要求,工作的其他特征也可能引起倦怠。工作要求—资源模型正是在此背景下提出的(Demerouti et al.,2001)。

工作要求—资源模型认为,每种职业都有其特定的影响工作倦怠的因素,所有这些影响因素都可以归为两类:工作要求(Job Demands,JD)和工作资源(Job Resources,JR)。其中,工作要求指工作中物质、心理、组织或社会方面的要求,这些要求需要个体持续不断地投入身体或心理上的努力,因此可能对生理或心理健康产生负面影响。典型的工作要求包括工作负荷、情绪要求、角色模糊、人际要求、角色压力、工作家庭冲突等。工作资源指工作中的物质、心理、组织或社会方面的资源,这些资源有助于达到工作目标、减轻工作要求及相关的身心消耗、激励个体成长和发展。典型的工作资源包括报酬、社会支持、组织公平、绩效反馈、工作安全感、任务重要性等。

工作要求—资源模型发展出三条核心假设(Bakker,Demerouti &

Sanz-Vergel，2014）：

第一个为双路径假设。一条路径是基于工作要求的健康损伤过程（Health Impairment Process），认为高强度的工作要求会损耗员工身体和精神上的资源，导致焦虑、精力耗竭、健康受损等问题，带来低绩效、高离职率等不良的组织结果；另一条路径是基于工作资源的动机过程（Motivational Process），认为可用的工作资源具有激励作用，能带来高水平的工作投入，并引发高绩效、低离职率等结果。

第二个为缓冲假设。该假设认为工作资源能够缓冲高工作要求对员工的损耗，即工作资源在工作要求与工作压力感之间起到调节作用。

第三个为应对假设。该假设认为在高工作要求下，工作资源更能提升工作投入与动机水平，即工作要求在工作资源与工作投入之间起到调节作用。

工作要求—资源模型提出至今的时间还很短，相关研究还处于起步阶段，该模型也在不断发展与完善的过程中。Bakker，Demerouti & Sanz-Vergel(2014)提出的最新的工作要求—资源模型如图 3.1 所示。

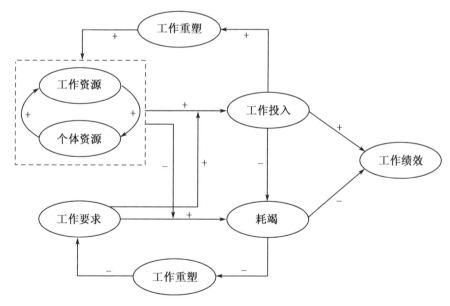

图 3.1　工作要求—资源模型

资料来源：Bakker, A. B., Demerouti, E. & Sanz-Vergel, A. I. (2014). Burnout and work engagement：The JD-R approach. *Annual Review of Organizational Psychology and Organizational Behavior*，1，389 – 411.

3.1.3 压力的交互理论

传统的工作压力研究将个体特质和环境条件不是看作静止的、不变的,就是看作分离的。针对这一研究不足,Lazarus & Folkman(1984)提出了压力的交互理论(Transactional Theory of Stress)。

压力的交互理论认为,压力既不是个体特质的产物,也不是环境条件的产物,而是个体特质与环境条件相互影响的作用结果。产生压力要满足两个条件:① 个体要认为他所面临的环境与自身有着重要关系;② 只有当个体做出环境提出的要求超出自身所拥有资源的评价时,压力才会产生。

交互理论强调在压力情境下,评价(Appraisal)和应对(Coping)在情绪发生过程的作用。该理论的核心概念是评价过程,压力的产生取决于两次评价:初级评价(Primary Appraisal)和次级评价(Secondary Appraisal)。在初级评价中,个体评估面临的情境对自身的重要性;在次级评价中,个体评估自身所具有的应对资源。个体通常会将外部刺激评价为伤害、威胁、挑战三种类型,伤害指已经发生的损失;威胁指尚未发生的损失,但预期会在未来出现;挑战指一种高要求的情境,持有挑战的态度会让个体感到充满热情、投入,而不是感到处于危险和防御状态中。应对是指个体不断改变认知或行为方式,以对付消耗个体资源的内外部要求的过程。应对也是一个变化的过程,会随着情境以及时间的变化而变化,有基于问题的应对和基于情感的应对两种方式。

压力的交互理论既考虑到个体因素、情境因素以及它们之间的交互作用对应对的影响,又注重认知评价的作用,并且考虑到应对所导致的短期和长期结果反过来又会影响到个体的认知评价(邵华,2012)。

3.2 研究假设

3.2.1 任务互依性的影响作用

本研究将任务互依性看作工作本身固有的一种属性,是指团队成员必须交换信息、资源、技术以完成工作的程度(Courtright et al.,2015;

Thompson，1967；李锋、王二平，2008），不会受到人为的影响与操纵（Saavedra，Earley & Van Dyne，1993；Thompson，1967；Van de Ven，Delbecq & Koenig，1976）。任务互依性高的工作具有一定的挑战性，要求团队成员之间通过高度的交流合作、协调配合才能完成任务。

许多学者都研究了任务互依性对团队/员工心理及行为结果会产生怎样的影响，但并没有得到一个统一的研究结论。一些研究表明，任务互依性能够促进团队成员的积极情感态度（Peare & Gregerson，1991；Ramamoorthy & Flood，2004），并能够正向影响团队中的组织公民行为和其他互动行为的产生（Van der Vegt & Van de Vliert，2005；王艳子、罗瑾琏、史江涛，2014）。另一些研究认为，任务互依性与员工的积极情感、行为绩效之间存在负相关或者根本没有相关性（Somech，Desivilya & Lidogoster，2009；任婧、王二平，2007）。还有研究发现，任务互依性和团队绩效的关系是非线性的，这种非线性关系会随着任务类型的不同而发生变化（Stewart & Barrick，2000）。

Grant & Parker（2009）指出，学者们从不同机制去解释任务互依性对团队/员工情感态度、行为绩效的影响，这是现有研究结论不一致的主要原因。概括起来，至少存在四种可能的解释机制：① 对立过程的视角（The Opponent Processes Perspective），该视角认为任务互依性会通过两条不同的中介机制对结果产生影响，一条机制会产生正向的影响作用，另一条机制则会产生负向的影响作用。因此，只有当任务互依性水平控制在一个适当水平时，才能产生最大的凝聚力、信任及承诺感，太高或太低的任务互依性水平都不好（MacDuffie，2007）。② 类型依存的视角（The Type-contingent Perspective），该视角认为任务互依性会产生怎样的影响完全取决于任务互依性的类型。例如，Kiggundu（1981）发现主动任务互依性（Initiated Interdependence）往往带来正面效应，而被动任务互依性（Received Interdependence）往往带来负面效应。③ 性格依存的视角（The Disposition-contingent Perspective），该视角认为任务互依性的效果取决于个人的性格特征和偏好。例如，Shaw，Duffy & Stark（2000）发现任务互依性仅会提高本身就喜欢团队工作的员工的满意度。④ 情境依存的视角（The Context-contingent Perspective），该视角认为任务互依性的效果取决于情境条件,在有些情境下任务互依性可能带来正面效应,有些情境下任务互依性则会带来负面效应。例如,Van der Vegt & Van de Vliert(2005)发现任务互依性仅在异质性团队中促进帮助行为的产生。

根据工作要求—资源模型的观点,所有工作特征都可以归纳为工作要求和工作资源两种类型(Bakker, Demerouti & Sanz-Vergel, 2014; Demerouti et al., 2001)。工作要求指工作中物质、心理、社会或组织方面的要求,这些要求需要持续不断的身体或心理上的努力,因此可能对生理或心理健康产生负面影响;工作资源指工作中的物质、心理、社会或组织方面的资源,这些资源有助于达到工作目标、减轻工作要求及相关的身心消耗、激励个体成长和发展。任务互依性是工作本身固有的一种属性,描述的是一项任务需要团队成员交换信息、资源、技术才能完成的程度,是一种典型的社会属性的工作特征(Kiggundu, 1981; Langfred, 2005; Parker, 2014),更应被视为是工作要求的一种。但是,任务互依性这种工作要求又有别于一般的工作要求,这是因为诸如情绪要求、工作负荷、角色模糊、时间压力等工作要求明显会给工作者带来生理或心理健康方面的负面影响,而任务互依性对工作者带来的影响作用并不是那么显而易见的,已有关于任务互依性影响作用的研究并没有得出统一结论可以为此提供有力的证据。

压力的交互理论指出,压力不是个体特质的产物,也不是环境条件的产物,而是个体特质与环境条件相互影响的作用结果,认知评价在这一过程中发挥着重要的作用(Lazarus & Folkman, 1984)。因此,本研究认为在讨论任务互依性(环境条件)的影响作用时不应忽视对工作者个体特质的考虑。不同特质的个体对任务互依性这一种工作要求的认知评价可能是不同的,应该从交互理论的视角来探讨任务互依性和个体特质对结果发挥的共同作用,这也符合 Grant & Parker(2009)总结的从性格依存的视角来解释任务互依性对团队/员工情感态度、行为绩效的影响机制的观点。

3.2.2　任务互依性和大五人格对建言行为的共同影响作用

在众多个体特质中,本研究选取被普遍接受并广泛应用的大五人格为代表,探讨任务互依性和大五人格对建言行为的共同影响作用。Hampson(2012)认为,大五人格中最典型的三个维度分别是代表积极情绪状态

(Positive Emotionality)的外向性、代表消极情绪状态(Negative Emotionality)的神经质，以及代表约束(Constraint)的尽责性。基于前文2.3.4部分的研究综述不难发现，直接研究大五人格对建言行为影响的文章不是很多。有限的文献主要认为外向性对建言行为的正向预测效果最强(Crant，Kim & Wang，2011；Morrison，2014)，这主要是因为：外向性水平越高的个体一般越好交际、越健谈，也越乐于及善于与他人分享自己的观点；建言行为具有一定的风险性，只有本身就喜欢表达的人才越有可能建言(LePine & Van Dyne，2001)。因此，为了准确地检验大五人格与任务互依性对建言行为的共同影响作用，本研究选择将对建言行为正向预测效果最强的一个大五人格维度(外向性)作为控制变量，检验另外两个典型的大五人格维度(尽责性、神经质)与任务互依性对建言行为的共同影响作用。

尽责性是用来评价个体完成目标的动机情况、发起行为的持久性，以及完成目标的坚定信念。其得分高者特征是：努力的、有组织计划性的、可靠的、干净利落的、有毅力的；得分低者特征是：懒惰无条理的、冲动的、不负责任的、粗心的、意志薄弱的。这一维度包括胜任力、条理性、尽责、追求成就、自律、深思熟虑6个子维度。神经质是用来评价个体的情绪稳定性以及情绪调节能力。其得分高者特征是：情绪化的、忧郁的、警觉的；得分低者特征是：稳定的、平和的、放松的。这一维度包括焦虑、生气敌意、沮丧、自我意识、冲动性、脆弱性6个子维度。概括而言，遵守规则(adhere to socially prescribed rules)、克制冲动(adhere to norms for impulse control)、任务和目标导向(be task and goal-directed)是尽责性高的个体的典型特征，负面想法和感受(experience negative thoughts and feelings)、情绪状态不稳定(be emotionally unstable)、缺乏安全感(be insecure)是神经质高的个体的典型特征(John & Srivastava，1999)。

建言行为是一种员工旨在改善组织现状而主动向上级管理者提出观点、意见、建议的角色外行为，虽然员工建言的本意旨在改进，但由于其挑战现状的本质，因此可能会带来一些诸如破坏人际和谐、造成与领导的对立、降低领导对自己的评价等消极后果(Bashshur & Oc，2014；Ng & Feldman，2012)。研究建言行为的传统视角是将员工建言行为当作理性决策的结果，是一种计划行为(Liang，Farh & Farh，2012；Morrison，2011；

Morrison，2014)。员工产生建言想法之后，究竟会选择建言还是选择沉默取决于两个关键判断：① 建言行为是否有效果？它衡量的是员工提出的意见或建议被组织采纳从而达到改进现状目的的可能性大小；② 建言行为是否有风险？它衡量的是员工感知的建言行为将会带来负面影响的大小。研究建言行为的传统视角认为，只有当员工经过分析判断，认为建言是有用的并且是安全的之后，才会产生实际的建言行为，否则他们就会选择沉默。

在高任务互依性的工作要求中，团队成员通过频繁的接触和互动来交换信息、资源或技术，只有这样才能顺利完成工作任务。根据交互理论的观点，不同个体特质的团队成员对任务互依性高这一环境条件的认知评价和行为反应是不一样的。尽责性高的个体具有的典型特征是遵守规则、克制冲动、任务和目标导向(John & Srivastava，1999)。建言行为是一种挑战现状的主动性行为，遵守规则的高尽责性个体本身就不会轻易选择建言。同时，由于其克制冲动以及任务和目标导向的特质，高尽责性个体会将建言的计划行为过程考虑得更为谨慎(Thomas，Whitman & Viswesvaran，2010)。所以，无论面对何种程度任务互依性水平的工作要求，高尽责性的个体都会积极参与到团队成员之间的接触和互动中，投入更多的自身精力在顺利完成工作任务本身上，而不是在建言行为上。而对于尽责性低的个体而言，他们没有太强的任务和目标导向，总是试图逃避工作责任，高任务互依性这个工作要求恰好给他们提供了一个推卸自身工作责任到团队其他成员身上的环境条件。再加上尽责性低的个体较为冲动、不太遵守规则，所以他们不会将建言的计划行为过程考虑得那么谨慎，在任务互依性高的工作要求下，他们更有可能产生建言行为。

神经质高的个体具有的典型特征是负面想法和感受、情绪状态不稳定、缺乏安全感(John & Srivastava，1999)。神经质高的个体在任务互依性高的工作要求中更有可能产生建言行为，这主要是因为，任务互依性高的环境条件要求团队成员之间进行频繁地接触和互动，这对于神经质高的个体而言相当于增加了环境刺激，他们在与团队其他成员的工作接触中更容易体验到负面情绪，并且由于其缺乏调节自身情绪的能力，更可能通过建言的方式来排解心中的不满。而对于神经质低的个体而言，他们没有那么多的负面想法和感受，并且具有较高的情绪调节能力。所以，无论面对何种程度任务互依性水平的工作要求,神经质低的个体都能够积极融入与团队其他成员的交流和互动中,通过彼此的分工协作顺利地完成工作任务。综上所述,本研究提出如下假设:

假设 1:尽责性负向调节任务互依性与员工建言行为之间的关系,即这个关系对尽责性低的员工更为显著。

假设 2:神经质正向调节任务互依性与员工建言行为之间的关系,即这个关系对神经质高的员工更为显著。

3.2.3　任务互依性和大五人格对情绪耗竭的共同影响作用

情绪耗竭是过度使用心理和情绪资源后产生的疲劳状态,是由工作场所的压力源所导致的一种压力反应结果,是工作倦怠最重要、最核心的维度(Maslach,Schaufeli & Leiter,2001)。根据工作要求—资源模型,每种工作都有其特定的影响工作倦怠的因素,所有这些影响因素都可以归为工作要求和工作资源两个类型。基于工作要求的健康损伤过程认为,高强度的工作要求会损耗员工身体和精神上的资源,导致焦虑、精力耗竭、健康受损等问题(Bakker,Demerouti & Sanz-Vergel,2014)。任务互依性作为一种强调工作特征社会属性方面的工作要求,有别于一般的工作要求,这是因为诸如工作负荷、角色模糊等工作要求明显会给工作者带来生理或心理健康方面的负面影响,而任务互依性对工作者带来的影响作用并不是那么显而易见。压力的交互理论认为,压力是个体特质与环境条件相互作用的结果,这一过程受到认知评价的影响(Lazarus & Folkman,1984)。因此,本研究认为,不同人格特质的个体在任务互依性的工作要求下体验到的压力感和工作倦怠程度是不同的,任务互依性和大五人格对情绪耗竭有着共同的影响作用。

尽责性高的个体具有遵守规则、克制冲动、任务和目标导向的典型特征(John & Srivastava,1999),随着任务互依性水平的不断提高,他们所感知到的压力会越来越大,越容易产生情绪耗竭。这主要是因为,在任务互依性低的工作要求中,尽责性高的个体完全可以凭借自身的努力程度顺利完成工作任务。这对于有计划性和目标性的高尽责性个体而言,可控程度相对较高,只要能力达到,完成工作任务指日可待。而在高任务互依性的工作要求中,任务的顺利完成不仅取决于个体自身的努力水平,而且还依赖于团队其他成员的协作和配合程度。这对于有计划性和目标性的高尽责性个体而言,可控程度相对较弱,更容易使他们因完成工作任务的不确定性而感受到焦虑和压力,因此也更容易产生情绪耗竭。而对于尽责性低的个体而言,他们本身就没有太强的任务和目标导向,不会花过多精力在完成工作上。因此,无论面对何种程度任务互依性水平的工作要求,他们体验到的压力感都不会有显著变化,对情绪耗竭的影响不大。

对于神经质高的个体而言,任务互依性高的工作要求更容易产生情绪耗竭。这主要是因为,高任务互依性的工作要求团队成员频繁接触和互动,神经质高的个体在人际互动中情绪资源消耗得更快,更容易产生情绪耗竭的感觉,而对于神经质低的个体而言,频繁的人际互动并不会给他们带来太大的压力,并且由于具有较高的情绪调节能力,他们的情绪资源不会损耗过多,不容易产生情绪耗竭的感觉。综上所述,本研究提出如下假设:

假设3:尽责性正向调节任务互依性与情绪耗竭之间的关系,即这个关系对尽责性高的员工更为显著。

假设4:神经质正向调节任务互依性与情绪耗竭之间的关系,即这个关系对神经质高的员工更为显著。

3.2.4 情绪耗竭对建言行为的影响作用

根据资源保存理论的观点,个体之所以建言是基于自我的考虑结果。员工从自身角度出发,会对自身拥有的资源情况以及组织的其他资源情况进行衡量,我们既可以将建言行为视为是员工保存自身资源的一种选择,也可以将建言行为看成是员工获取更多资源的一种方式。Ng & Feldman(2012)认为,从"资源保存"的视角,个体会因为建言需要消耗资源而减少建言作为面对压力时的反应措施;但从"资源获取"的视角,个体会将建言作为获取资源的手段,例如通过建言可能获得领导的好感或组织的关注,为自身带来额外的资源回报。

虽然建言行为影响因素的现有研究中,基于资源保存理论从自我导向这个视角探讨员工为何选择建言的研究并不多,但有限的研究成果更支持"资源保存"原则的观点,认为个体在压力下可能很少建言,因为建言会消耗资源。Ng & Feldman(2012)通过元分析支持了资源保存的观点,研究结果表明,工作场所压力与员工建言行为呈负相关关系,当员工在工作场所面临较大压力时,由于他们需要花费更多的精力来应对这种压力带来的变化,会尽量选择不建言以达到保存资源的目的。Qin et al. (2014)的研究不仅证实了自我导向建言行为的存在,而且直接检验了情绪耗竭对建言行为的影响作用。他们采用两组不同数据的实证研究结果表明,情绪耗竭主要是通过资源保存的路径作用于建言行为,只有当个体拥有较多工作资源时,才会通过资源获取的路径作用于建言行为。具体而言,当拥有较高的工作安全感或者较强的人际公平氛围时,情绪耗竭和员工建言行为之间是 U 型关系;当这些资源都较低时,情绪耗竭和员工建言行为之间是负相关关系。

本研究同意以上采取不同方法得出结论的两项研究的主要观点,基于资源保存理论中"资源保存"原则的观点,认为情绪耗竭对员工的建言行为有显著负向影响。建言行为是员工挑战现状的角色外行为,本身就需要消耗资源。情绪耗竭是一种个体缺少能量和情绪资源的状态,情绪耗竭越严重的员工为了保存自身已有的资源,付出额外的时间和精力来建言的可能性会越低。因此,本研究提出如下假设:

假设 5:情绪耗竭对员工的建言行为有显著负向影响。

3.2.5 情绪耗竭在调节作用中的中介效应

关于建言行为的产生机制,目前绝大多数的研究都是基于社会交换理论视角,认为员工之所以建言是出于对组织或领导的回报,其中主要的作用机制有心理安全感(Li et al., 2014;Troster & van Knippenberg,2012)、责任知觉(Liang, Farh & Farh, 2012)、工作满意度和组织承诺(Tucker & Turner, 2015;Wang et al., 2014)、领导成员交换(Botero & Van Dyne, 2011)等。然而,基于资源保存理论(Hobfoll, 1989)的观点,员工之所以建言是为了自身利益,以保护或获取有价值的资源,建言行为也可能是自我导向的(Ng & Feldman,2012;Qin et al., 2014)。

工作要求—资源模型中工作要求的健康损伤过程认为,高强度的工作要求会损耗员工身体和精神上的资源,导致焦虑、精力耗竭、健康受损等问题,带来低绩效、高离职率等不良的组织结果,即情绪耗竭在工作要求和员工的工作绩效的关系中起着中介作用。综合资源保存理论和工作要求—资源模型的观点,关于任务互依性对员工建言行为的影响作用,本研究基于以上 5 个假设的分析,针对尽责性和神经质这两种不同的人格特质,提出两个被中介的调节模型。具体而言,本研究认为对于尽责性低或者神经质低的员工而言,无论面对何种程度任务互依性水平的工作要求,他们体验到的压力感不会有显著变化,对情绪耗竭的影响不大;只有在这种自身拥有较多资源的前提下,员工才更有可能产生建言行为。因此,本研究提出如下假设:

假设 6:任务互依性和尽责性通过情绪耗竭的中介作用共同影响员工的建言行为。

假设 7:任务互依性和神经质通过情绪耗竭的中介作用共同影响员工的建言行为。

3.3 假设汇总和模型框架

已有研究主要基于社会交换理论视角,将建言行为视为是他人导向的,本研究基于资源保存理论视角,认为个体之所以建言也可能是自我导向的。根据工作要求—资源模型以及压力的交互理论,本研究不仅检验了任务互依性和大五人格(尽责性、神经质)对建言行为的共同影响作用,而且还检验了情绪耗竭在这个调节作用中的中介效应。本研究一共提出 7 个假设,如表 3.1 所示。这 7 个假设一共可以分成四组,第一组假设(假设 1、假设 2)检验了任务互依性和大五人格(尽责性、神经质)对建言行为的共同影响作用,第二组假设(假设 3、假设 4)检验了任务互依性和大五人格(尽责性、神经质)对情绪耗竭的共同影响作用,第三组假设(假设 5)检验了情绪耗竭对建言行为的影响作用,第四组假设(假设 6、假设 7)检验了情绪耗竭在调节作用中的中介效应。

表3.1 本研究的假设汇总表

类型	编号	假设内容
任务互依性和大五人格对建言行为的共同影响作用	假设1	尽责性负向调节任务互依性与员工建言行为之间的关系,即这个关系对尽责性低的员工更为显著。
	假设2	神经质正向调节任务互依性与员工建言行为之间的关系,即这个关系对神经质高的员工更为显著。
任务互依性和大五人格对情绪耗竭的共同影响作用	假设3	尽责性正向调节任务互依性与情绪耗竭之间的关系,即这个关系对尽责性高的员工更为显著。
	假设4	神经质正向调节任务互依性与情绪耗竭之间的关系,即这个关系对神经质高的员工更为显著。
情绪耗竭对建言行为的影响作用	假设5	情绪耗竭对员工的建言行为有显著负向影响。
情绪耗竭在调节作用中的中介效应	假设6	任务互依性和尽责性通过情绪耗竭的中介作用共同影响员工的建言行为。
	假设7	任务互依性和神经质通过情绪耗竭的中介作用共同影响员工的建言行为。

根据以上假设,本研究提出如图3.2所示的理论模型,探讨了任务互依性这个工作要求对员工建言行为的影响,检验了尽责性和神经质的调节作用,以及情绪耗竭在这个调节作用中的中介效应。

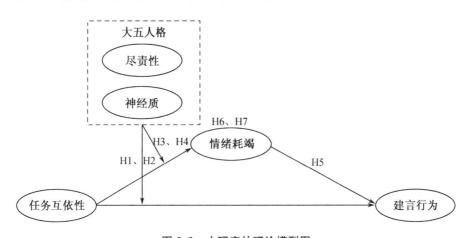

图3.2 本研究的理论模型图

3.4　本章小结

　　本章首先对本研究运用到的资源保存理论、工作要求—资源模型、压力的交互理论这三个理论的主要观点进行了阐述;并在此基础上提出了本研究的 7 个研究假设,构建了 2 个被中介的调节模型,以此探讨任务互依性和大五人格对员工建言行为的共同影响作用及作用机制;最后,对研究假设进行了汇总,并画出理论模型图。

第四章 问卷设计与数据收集

4.1 问卷设计

4.1.1 问卷设计原则

问卷调查法是一种采用严格、规范设计的测量题项,通过书面形式向被调研对象收集第一手研究数据的方法,被社会学、组织行为学、心理学、营销学等诸多学科广泛运用。本研究采用这种问卷形式的调研方法,主要基于以下几点原因:① 本研究所涉及的所有变量在过去的研究中已经发展出较为成熟的测量量表,这为严格、规范的问卷设计奠定了基础;② 问卷调查法对被调查者的干扰较小,因此比较容易获得被调研单位及员工的支持,可操作性强(谢家琳,2012);③ 采用问卷调查法收集的数据易于统计和分析,可以很好地对研究假设进行检验;④ 与其他实地研究方法相比,问卷调查法不仅可以较为快速、有效地收集数据,而且成本也相对低廉。

问卷调查法有效性的实现是基于三个假设条件的:大多数的参与者会认真阅读并回答问卷中的所有问题,大多数的参与者有足够的能力理解问卷中的问题,大多数的参与者会提供真实而坦诚的回答(谢家琳,2012)。因此,为了尽可能地保证其有效性前提假设的成立,研究者在设计问卷的过程中应当遵循一定的设计原则。

第一,为了保证大多数的参与者会认真阅读并回答问卷中的所有问题,研究者应当控制问卷整体长度和填答时间,尽量避免使用重复或者与研究无关的题项,以免参与者因为填答时间太长、失去耐心而造成的不认真回复。

第二,为了保证大多数的参与者能够准确理解问卷中的所有问题,在设计问卷时,研究者应当尽量采用符合参与者文化水平和实际情况的语言,避免使用晦涩的学术术语,争取做到在准确测量变量的同时,通俗易懂、清晰明确。

第三,为了保证大多数的参与者会提供真实而坦诚的回答,问卷中应当尽量避免涉及伦理道德、个人隐私等较为敏感的话题,同时尽可能地向参与者解释调研目的为纯学术研究、答案无对错之分、填写结果只用于大样本分析,以此减少参与者答题时的顾虑和担忧。

4.1.2 问卷设计过程

根据本研究的研究模型和研究假设,问卷中需要被测量的变量包括任务互依性、**情绪耗竭**、建言行为、外向性、神经质和控制变量。依据上述问卷设计原则,本研究的问卷设计过程由以下几个步骤展开:

首先,**量表选取**。通过对过去文献的系统梳理,对本研究核心变量的概念进行界定,并在此基础上对相关变量的成熟量表进行研究和筛选,形成原始调研题库,用于编制初始问卷。

其次,**双向翻译**。研究者先将原始英文量表翻译成中文;之后邀请英语专业八级老师对翻译的中文量表重新回译成英文;全部成员对两个英文版本进行对比分析与反复修正,直至中文翻译量表能够准确表达英文原版量表原意为止。

然后,**问卷试填**。为了测试初始问卷是否通俗易懂,并估算参与者大致的填答时间,本研究邀请了 3 位拟调研行业的从业人员进行问卷试填,并记录他们的填答时间和反馈意见。

最后,**问卷形成**。根据试填收集到的反馈信息对初始问卷进行再次修订,从而形成最终的正式调查问卷。

另外,为了提高数据质量,本研究在设计问卷时还采取了如下措施:

第一,为了控制共同方法偏差以及更好地验证变量之间的因果关系,本研究的研究设计为数据采集于不同时期以及不同来源。其中,问卷收集过程分为两期进行,时间间隔大约三周左右。第一期从员工自评问卷中测量研究模型的自变量(任务互依性)、调节变量(尽责性、神经质)以及控制变量(性别、年龄、**教育程度**、工作年限、外向性);第二期问卷设计为自评和他评两部分,从员工自评部分测量研究模型的中介变量(情绪耗竭),从主管他评部分测量研究模型的因变量(员工建言行为)。

第二,本研究采用的研究设计是不同数据收集时间和数据收集来源,为了使数据之间能够一一配对,参与者在研究者这里其实不是匿名的。但为了尽可能地获得真实的回答,本研究在问卷中并没有要求员工填写姓名,而是通过暗中编号、填写出生年月等方式达到配对的目的。

第三,为了降低参与者一致性填答的可能性,本研究在问卷设计中保留了选用的已有成熟量表中的反向题项,这也可以作为检验参与者是否认真填答问卷的一项依据。

4.2　变量的定义及测量

4.2.1　任务互依性的定义及测量

本研究将任务互依性视为工作固有特征,是指团队成员必须交换信息、资源、技术以完成工作的程度(Courtright et al.,2015;Thompson,1967;李锋、王二平,2008)。目前对任务互依性的测量有两种取向,一种是让团队主管对本团队成员任务互依性程度进行总体评价,另一种是让员工进行自我评价。由于本研究的研究层面属于个体层次,因此对任务互依性的测量采用后一种自评的方式更为合适。

具体而言,本研究选取 Chattopadhyay(1999)对任务互依性的测量,该量表基于 Pearce & Gregersen(1991)开发的任务互依性测量量表,共有 6个题项,采用 Likert 七点量表形式,1 代表"非常不同意",7 代表"非常同意",具体测量题项如表 4.1。

表 4.1　任务互依性的测量题项

变量名称	测量题项	参考来源
任务互依性	TI1. 我们网点的同事必须彼此密切合作,才能正常地完成工作	Chattopadhyay (1999)
	TI2. 我们网点的同事必须经常协力合作	
	TI3. 每个网点员工的工作表现依赖于能否从其他员工获取正确的信息	

变量名称	测量题项	参考来源
	TI4. 我们网点同事彼此的工作表现会明显地互相影响	
	TI5. 要完成好我们网点的工作,同事之间需要频繁地相互交流和商量	
	TI6. 我的工作很难独立完成,必须依赖或配合网点其他同事的工作	

4.2.2 情绪耗竭的定义及测量

情绪耗竭是过度使用心理和情绪资源后产生的疲劳状态,是由工作场所的压力源所导致的一种压力反应结果,是工作倦怠的核心维度(Maslach, Schaufeli & Leiter, 2001)。Maslach & Jackson(1981)最早开发了工作倦怠的量表(Maslach Burnout Inventory, MBI),该量表包括情绪耗竭、去个性化和个人成就感降低三个维度,其中情绪耗竭 9 个题项、去个性化 5 个题项、个人成就感降低 8 个题项。虽然 Maslach & Jackson(1981)提出的工作倦怠三维度模型被广泛认可,但是由于 MBI 是以服务业从业人员为研究对象开发的,随着对工作倦怠的研究深入,学者们发现工作倦怠不仅存在于销售、教师、医生等服务性岗位,也广泛存在于各行各业之中。因此,针对特定行业人群所开发的量表可能不适用于更加广泛地研究。Schaufeli et al. (1996)对 MBI 进行修订,形成了适用于各行各业的工作倦怠量表(Maslach Burnout Inventory-General Survey, MBI-GS),该量表的结构与 MBI 一致,其中情绪耗竭 5 个题项、去个性化 4 个题项、个人成就感降低 7 个题项。

本研究选取 Wharton(1993)的情绪耗竭测量量表,该量表被广泛运用于诸多研究中来专门测量情绪耗竭(Jaarsveld, Walker & Skarlicki, 2010; Liu et al., 2015)。Wharton(1993)的情绪耗竭测量量表共有 6 个题项,采用 Likert 七点量表形式,1 代表"非常不同意",7 代表"非常同意",具体测量题项如表 4.2。

表4.2　情绪耗竭的测量题项

变量名称	测量题项	参考来源
情绪耗竭	EE1. 我觉得工作使我感到心力交瘁	Wharton (1993)
	EE2. 一天的工作结束时我感到精疲力竭	
	EE3. 每天早晨起床时,一想到我要继续这样的工作,我就觉得郁闷	
	EE4. 我觉得工作已经快把我的精力耗尽了	
	EE5. 我的工作让我有挫败感	
	EE6. 我觉得我工作得太累了	

4.2.3　建言行为的定义及测量

建言行为是一种员工旨在改善组织现状而主动向上级管理者提出观点、意见、建议的角色外行为。在将建言行为视为单维构念的测量中,Van Dyne & LePine(1998)开发的量表在后续关于建言行为的相关研究中得到大量学者的认同和采用,是目前使用较为广泛的测量建言行为的量表(Detert & Burris, 2007; Fuller, Marler & Hester, 2006; Lam & Mayer, 2014; Ng, Feldman & Butts, 2014; Takeuchi, Chen & Cheung, 2012)。因此,本研究也选取 Van Dyne & LePine(1998)的量表对建言行为进行测量。

为了避免同一来源收集数据可能造成的共同方法偏差问题,本研究采用主管评分的方式对员工的建言行为进行他评。该部分共有 6 个测量题项,采用 Likert 七点量表形式,1 代表"非常不同意",7 代表"非常同意",具体测量题项如表 4.3。

表4.3　建言行为的测量题项

变量名称	测量题项	参考来源
建言行为	V1. 该员工会对影响网点的问题提出建议	Van Dyne & LePine (1998)
	V2. 该员工敢于鼓励网点其他同事参与到影响群体的事务之中	
	V3. 即使有不同甚至反对意见,该员工也会把自己关于工作的不同看法和同事交流	

变量名称	测量题项	参考来源
	V4. 当自己的观点可能对网点有帮助时,该员工会讲出来	
	V5. 该员工会积极参与到影响网点工作质量的议题中	
	V6. 该员工会为改进网点工作程序提出建议	

4.2.4　尽责性与神经质的定义及测量

尽责性与神经质是大五人格的两个重要维度,其中,尽责性用来评价个体完成目标的动机情况、发起行为的持久性,以及完成目标的坚定信念;神经质用来评价个体的情绪稳定性以及情绪调节能力。大五人格特质的测量量表经历了一个较长的发展时期,目前有多个不同的量表可以选用,而且均被业界认可与接受。根据题目呈现的形式可以将这些测验分为语句自陈式、词汇核检表式和图片非言语式(陈基越等,2015)。

语句自陈式测验的每个题项均采用句子或短语来呈现问题,例如"我认为我乐于与他人合作"。在语句自陈式大五人格测量量表中,以 NEO[①] 量表为典型代表。NEO-PI(NEO-Personality Inventory)是最早编制的五因素模型人格量表,Costa & McCrae(1985)开发的 NEO-PI 总共包含 5 个维度、22 个层面、181 道测量题项。由于该量表题目数量过多、填答时间过长,Costa & McCrae(1989)对 NEO-PI 进行了删减,编制了它的简版 NEO-FFI(NEO Five-Factor Inventory)。NEO-FFI 虽然也包含 5 个维度,但是每个维度只有 12 道测量题项,总共 60 道问题。由于该量表具有较高的信度和效度,目前 NEO-FFI 已被译成多种语言在全世界范围内广泛运用。

词汇核检表式测验采用的是描述人格的词汇,被试者依据自己的情况对每个形容词进行评分。在词汇核检表式大五人格测量量表中,TDA-100(Trait Descriptive Adjectives-100)和 Mini-Markers 最具有代表性。TDA-100 是 Goldberg(1992)开发的五因素人格量表,每个因素下有 20 个形容词,共包含 100 道题项。为了缩减填写问卷所用的时间,Saucier(1994)

---

① NEO 分别代表 Costa & McCrae 最初构建框架时提取的三个维度:神经质(Neuroticism)、外倾性(Extraversion)、开放性(Openness)。

以 TDA-100 为基础，开发了一套简式的五因素人格形容词量表 Mini-Markers。该量表对前人关于 TDA-100 的 12 个数据样本进行数据分析，每个维度提取出载荷最高的 8 个形容词组成 Mini-Markers，共计 40 个描述人格的形容词。

为了消除文化差异对人格测验的影响，研究者采用非言语材料，努力构建图片非言语式大五人格测量问卷。以 Paunonen & Ashton(1998)开发的FF-NPQ(Five-Factor Nonverbal Personality Questionnaire)为例，测试开始后会向被试者呈现不同的图片，图片描绘的是中心人物在一个具体情境中表现出某种与其人格特质有关的特定行为，然后要求被试者假定自己是这个图片里的中心人物，评判自己做出同样行为的可能性大小。

本研究选择使用 Saucier(1994)开发的 Mini-Markers 对大五人格中的尽责性和神经质维度进行测量，这是由于该量表不仅具有一定的普适性和良好的信效度，而且测试题项少、填答时间缩短，有利于保证数据收集的有效性和真实性。具体而言，尽责性与神经质每个维度均包含 8 个形容词，采用 Likert 七点量表形式，要求被试者对这些形容词符合描述自己的程度进行依次评分，1 代表"非常不准确"，7 代表"非常准确"。其中，尽责性有 4 个反向题项，神经质有 2 个反向题项，为了降低参与者一致性填答的可能性和检验参与者是否认真填答问卷，本研究将反向问题全部保留，具体测量题项如表 4.4。

表 4.4　尽责性与神经质的测量题项

变量名称	测量题项	参考来源
尽责性	C1.粗心的(R)	Saucier(1994)
	C2.缺乏条理的(R)	
	C3.效率高的	
	C4.效率低的(R)	
	C5.有条理的	
	C6.脚踏实地的	
	C7.懒散的(R)	
	C8.有计划的	

变量名称	测量题项	参考来源
神经质	N1. 爱羡慕别人的	
	N2. 易怒的	
	N3. 爱嫉妒别人的	
	N4. 喜怒无常的	
	N5. 放松的（R）	
	N6. 多变的	
	N7. 暴躁的	
	N8. 不爱嫉妒的（R）	

注:R 表示反向计分。

4.2.5 控制变量的定义及测量

通过对建言行为已有研究的回顾与总结,本研究发现个体的人口统计学特征会对建言行为产生显著影响。例如,Farrell & Rusbult(1985)认为,受教育程度与建言行为显著正相关,员工的受教育程度越高,就具有更强的认知分析能力,更可能对工作现状进行详尽细致的分析,从而越容易产生建言行为,这一结论也得到周建涛和廖建桥(2013)研究的支持。段锦云、王重鸣和钟建安(2007)则认为低学历者更容易产生建言行为,并认为男性比女性更容易表现出建言行为。鉴于此,本研究选取性别、年龄、教育程度、工作年限这 4 个人口统计学特征作为控制变量。具体而言,本研究先从调研单位人力资源部门获取员工的基本信息情况,收集到的信息有员工的性别、出生年月、学历,为了确保信息的准确性和数据的配对性,在问卷设计中,再一次请员工填写自己的性别、出生年月、工龄、学历。

另外,在回顾建言行为影响因素的研究中,本研究发现大五人格中的外向性维度对建言行为有显著的正向预测作用(Crant, Kim & Wang, 2001; LePine & Van Dyne, 2001;段锦云、王重鸣、钟建安,2007)。因此,为了准确检验尽责性与神经质在任务互依性影响建言行为过程中产生的作用,本研究也将外向性作为控制变量纳入问卷收集与数据分析过程中。外向性的测量如上述尽责性与神经质的测量一样,选取 Saucier(1994)开发的 Mini-Markers。外向性维度的量表共有 8 个题项,其中 4 个为反向问题,为了降低参与者一致性填答的可能性和检验参与者是否认真填答问卷,本研究将反向题项全部保留。本研究采用 Likert 七点量表形式让参与者对外向性进行自评,1 代表"非常不准确",7 代表"非常准确",具体测量题项如表4.5。

综上所述,基于对已有文献的总结与梳理,本研究共选取 5 个控制变量,分别为员工的性别、年龄、教育程度、工作年限和外向性,数据来源为客观数据和员工自评。

表 4.5　外向性的测量题项

变量名称	测量题项	参考来源
外向性	E1. 害羞的(R)	Saucier(1994)
	E2. 大胆的	
	E3. 精力充沛的	
	E4. 开朗的	
	E5. 安静的(R)	
	E6. 羞涩的(R)	
	E7. 健谈的	
	E8. 退缩的(R)	

注:R 表示反向计分。

表 4.6 将检验本研究理论模型所需要的变量整体测量情况进行了汇总,包含的信息有测量时间、测量来源、测量量表等。

表 4.6　变量测量汇总表

变量类型	变量名称	测量时间	测量来源	测量量表	题项个数
自变量	任务互依性	第一阶段	员工汇报	Chattopadhyay(1999)	6
调节变量	尽责性	第一阶段	员工汇报	Saucier(1994)	8
	神经质	第一阶段	员工汇报	Saucier(1994)	8
中介变量	情绪耗竭	第二阶段	员工汇报	Wharton(1993)	6

（续表）

变量类型	变量名称	测量时间	测量来源	测量量表	题项个数
因变量	建言行为	第二阶段	主管评价	Van Dyne & LePine(1998)	6
控制变量	性别	第一阶段	员工汇报＋客观数据	填空题	1
	年龄	第一阶段	员工汇报＋客观数据	填空题	1
	教育程度	第一阶段	员工汇报＋客观数据	填空题	1
	工作年限	第一阶段	员工汇报	填空题	1
	外向性	第一阶段	员工汇报	Saucier(1994)	8

4.3　数据收集

4.3.1　研究样本来源

依据上述的研究设计,本研究采用问卷调查法收集数据用于假设检验。为了更好地证明变量之间的因果关系以及尽可能地避免同源方差问题,本研究的问卷调研设计为两个时期两个来源,这就给问卷调查带来了一定的难度。最后,本研究的全部数据调研是在南京市某国有银行完成的,研究者调研了该国有银行在南京市的大部分网点,参与问卷填写的人有网点主任和网点的普通员工。选取银行网点作为调研对象主要是基于以下三点原因:

首先,银行网点员工的工作特征具有一定的任务互依性,例如大堂经理需要对进门的顾客进行询问,并根据顾客不同的业务办理需求将他们带至不同的柜面,对接不同的银行员工(对私柜面、对公柜面、理财经理等);柜面人员完成一项业务办理也需要有相互配合,先由前台工作人员接待、操作,再由后台工作人员复核、审批,最后每天结束营业后还需要进行对账工作。这样的工作特性符合本研究的任务互依性调研主题。

其次,银行网点是一个合作紧密的团队,银行对它们都有网点整体指标的定量考核,并且易于横向及纵向之间的比较,这不仅要求成员之间的彼此合作,而且也需要成员为网点的发展积极出谋划策、贡献力量。这些网点的规模一般最小的就只有七八个员工,最大的也就 30 多个。网点主任每周至少要给网点全体员工召开一次例会,平时工作也与员工有一定的交流接触,熟悉了解每一个员工的情况。这样的工作环境不仅有利于观察到员工的建言行为,而且也可以通过网点主任的评分对每个员工的建言行为进行较为客观的评价,这与本研究关注的员工建言行为主题相符。

最后,本研究的调研设计为两个时间两个来源,数据收据有一定的难度。研究者有朋友在该国有银行工作,可以通过朋友介绍的方式对银行网点进行调研。这种方便抽样法(Convenient Sampling)虽然不是对样本进行最理想的随机抽样(Random Sampling),但考虑到研究设计的难度以及调研对象的配合度,也是目前研究中可以接受并且使用广泛的一种抽样方法(罗胜强、姜嬿,2014)。

4.3.2　数据收集过程

本研究的问卷调研工作于 2015 年 6 月开始,研究者先与该国有银行南京市的相关负责人沟通联系,向其说明本次调研的目的及方式,获取信任和调研许可。之后,在人力资源部门的配合下,取得关于网点的一些基本信息(网点名称、地址、联系方式、人员情况等),以便于研究者做好正式调研前的准备工作。2015 年 7 月,研究者完成调研问卷的印刷、编号等工作,并在人力资源部门的协助下与网点主任确定具体调研时间。

本研究的第一轮调研问卷发放工作于 2015 年 8 月初开始,研究者每天去 2~5 个银行网点进行问卷发放工作。到达网点后先与网点主任沟通交流,详细说明调研目的及调研过程,在获得其允许后才开始接下来的调研工作;如果网点主任认为不合适则放弃对该网点进行调研。本研究的问卷回收方式主要有三种:① 现场回收:这是本研究首选的问卷回收方式,只要有可能,研究者会尽量选择采用此种方式对问卷进行回收;② 过后再取:由于网点工作比较繁忙,如果调研时网点主任或员工正好不方便现场填写问卷的话,研究者会和网点主任约好再来回收问卷的时间;③ 快递回寄:这也是当网点主任或员工不方便现场填写问卷时的一种问卷回收方式,研究者会填写好快递地址和联系方式,请网点主任将填写好的问卷采用快递到付的方式回寄。研究者于 2015 年 8 月底完成第一轮问卷的发放和回收工作,第一轮共调研了该国有银行南京市 60 个银行网点,遍布鼓楼、玄武、下关、江宁、浦口、六合、栖霞等南京市各个区,共发放 670 份员工问卷,回收 597 份。

2015 年 9 月初,本研究的第二轮调研问卷发放工作正式开始。研究者再次实地调研第一轮调研的 60 个银行网点,并在网点主任的配合下完成问卷的发放和回收工作。其中,员工问卷只邀请有效填写第一轮问卷的员工参与,主管问卷邀请网点主任对参与调研员工的建言行为进行逐一评分。问卷回收方式仍和第一轮一样,采取现场回收、过后再取和快递回寄三种。本轮问卷调研工作于 2015 年 9 月底基本全部完成,除了 1 个网点主任在第二轮调研时放弃继续参与调研,其余 59 个网点又一次完成全部的问卷调研工作。本研究第二轮共发放 59 份网点主任问卷,回收 59 份;发放 493 份员工问卷,回收 480 份。

调研问卷回收后,研究者对其进行了筛选,剔除掉不符合要求的问卷。问卷剔除的标准主要有四个方面:① 剔除掉未能成功配对的问卷;② 剔除掉答题不认真的问卷(如整份问卷都选择一个答案,或者答题明显有规律的问卷);③ 剔除大面积漏答或错答的问卷(如同一题项上出现几个评估分);④ 如果主管问卷出现上述三个问题,则该网点全部问卷均作为废卷剔除。最终,完成两期问卷调查的有效样本量为 435 份员工问卷,它们来自 58 个银行网点,由网点主任对他们的建言行为进行评价,平均每个网点主任评价 7.5 个员工,有效问卷回收率为 65%。

4.3.3　样本描述性统计分析

本研究的有效样本量为 435 个,表 4.7 分别从性别、年龄、教育程度、工作年限这 4 个人口统计变量对有效样本进行了描述性统计分析。

表 4.7　有效样本的描述性统计

人口统计变量	类别	人数	百分比
性别	男	146	33.56%
	女	289	66.44%
	缺失	0	0
	合计	435	100%

人口统计变量	类别	人数	百分比
年龄	25 岁以下	95	21.84%
	26～30 岁	213	48.97%
	31～35 岁	92	21.15%
	36～40 岁	23	5.29%
	41～45 岁	7	1.61%
	46～50 岁	5	1.15%
	缺失	0	0
	合计	435	100%
教育程度	本科以下	74	17.01%
	大学本科	319	73.33%
	本科以上	34	7.82%
	缺失	8	1.84%
	合计	435	100%
工作年限	1 年以下	12	2.76%
	1～3 年	86	19.77%
	4～6 年	144	33.10%
	7～9 年	91	20.92%
	10～12 年	40	9.20%
	13～15 年	20	4.60%
	15 年以上	27	6.21%
	缺失	15	3.45%
	合计	435	100%

注:员工样本总数 N=435。

首先,从参与者的性别来看。在 435 个有效样本中,男性样本数量为 146 个,占总数的 33.56%;女性样本数量为 289 个,占总数的 66.44%。可见,参与调研的女性比例较高,这样的性别分布符合银行业女性从业人员占多数的事实情况。

其次,从参与者的年龄来看。本研究在问卷中采用让参与者汇报出生年月的方式来计算年龄,虽然在描述性统计中采用分年龄段的汇报方式,但是在实际的数据分析中,本研究直接将参与者的实际年龄作为控制变量。从分年龄段式的统计情况看,参与者 25 岁以下的有 95 名,占总数的 21.84%;26~30 岁的有 213 名,占总数的 48.97%;31~35 岁的有 92 名,占总数的 21.15%;36~40 岁的有 23 名,占总数的 5.29%;41~45 岁的有 7 名,占总数的 1.61%;46~50 岁的有 5 名,占总数的 1.15%。可见,大部分的参与者年龄段集中在 35 岁以下,这一方面与该银行倾向于网点员工年轻化的招聘政策有关,另一方面也符合职业生涯晋升的年龄规律。

再次,从参与者的教育程度来看。本研究在问卷中采用直接让参与者汇报学历的方式来测量教育程度,参与者的回答从"中专""大专"到"大学本科""研究生"都有。在实际数据录入时,本研究对教育程度进行了编码处理,其中"1"代表"本科以下","2"代表"大学本科","3"代表"本科以上",这样处理的目的是为了便于后期的数据分析。从描述性统计结果来看,本科以下学历的员工有 74 名,占总数的 17.01%;大学本科学历的员工有 319 名,占总数的 73.33%;本科以上学历的员工有 34 名,占总数的 7.82%。可见,银行网点具有大学本科学历的员工占绝大多数,这也与我国高等教育普及的现实情况相符。

最后,从工作年限来看。本研究在问卷中测量工作年限采用的是让参与者直接汇报的方式,虽然在描述性统计中采用分年限的汇报方式,但是在实际的数据分析中,本研究直接将参与者的工作年限作为控制变量。从分年限式的统计情况看,参与者 1 年以下工作年限的有 12 名,占总数的 2.76%;1~3 年工作年限的有 86 名,占总数的 19.77%;4~6 年工作年限的有 144 名,占总数的 33.10%;7~9 年工作年限的有 91 名,占总数的 20.92%;10~12 年工作年限的有 40 名,占总数的 9.20%;13~15 年工作年限的有 20 名,占总数的 4.60%;15 年以上工作年限的有 27 名,占总数的 6.21%。可见,工作年限在 1~9 年的员工共计 321 名,占总数的 73.79%,这一分布情况与 35 岁以下年龄段的员工居多是相符的。

4.3.4　样本缺失值处理

在问卷调查法中,参与者可能因为不愿意回答所有问题、遗漏个别题项等原因,造成所填答的问卷中存在缺失值的情况。常见的缺失值处理方法主要有三种:常数替代法、直接删除法、估计插补法(罗胜强、姜嬿,2014)。前两种方法均存在明显缺陷,常数替代法容易造成数据的主观性偏差,直接删除法以牺牲样本量来换取信息的完整性,容易造成数据的大量浪费。因此,估计插补法是目前最常用的缺失值处理方法。目前,SPSS 22.0 提供了五种估计插补法:① 以序列平均值替代;② 以邻近点的平均值替代;③ 以邻近点的中位数替代;④ 线性插补;⑤ 邻近点的线性趋势。

本研究在进行正式的数据分析之前也对回收数据的缺失值情况进行了分析,具体统计结果如表 4.8 所示。可见,本研究的所有主要变量(任务互依性、尽责性、神经质、情绪耗竭、建言行为)和大多数控制变量(性别、年龄、外向性)都不存在数据缺失情况,只有教育程度和工作年限这两个控制变量存在个别缺失值,且缺失的比例非常低,分别为 1.84％和 3.45％。这样的缺失值情况即便采用不同的估计插补法对结果几乎都没有太大的影响,因此,本研究选择采用常见的序列平均值这种估计插补法在 SPSS 22.0 对样本缺失值进行处理。

表 4.8　有效样本的缺失值情况

变量	缺失值个数	百分比
性别	0	0
年龄	0	0
教育程度	8	1.84％
工作年限	15	3.45％
外向性	0	0
任务互依性	0	0
尽责性	0	0
神经质	0	0
情绪耗竭	0	0
建言行为	0	0

注:员工样本总数 N＝435。

4.4 本章小结

本章详细阐述了本研究的研究设计及数据收集过程。首先依据问卷设计原则对本研究的问卷调查过程进行了总体设计；接着，通过梳理和确定研究模型中涉及的自变量、调节变量、中介变量、因变量，以及控制变量的测量量表，形成了本研究的正式问卷；最后详细介绍了问卷调研的样本来源及数据收集过程，并对样本数据进行描述性统计分析和缺失值处理等初步处理，为下一章的假设检验做好准备。

第五章　数据分析与假设检验

5.1　信度与效度检验

测量量表的好坏直接影响到研究结果的可信度,只有达到标准和要求的调查问卷才能够被使用,据此得到的关于潜变量间关系的分析结果也才有意义。罗胜强、姜嬿(2014)认为,对量表的要求其实很简单,只有两条:首先,该量表确实测量了研究者希望它测量的构念;其次,该量表是稳定可靠的。这两方面评价一个量表好坏的标准,研究中分别被称为效度(Validity)和信度(Reliability)。所以,在正式的假设检验前应对问卷调查所得的数据进行信度和效度的检验。

5.1.1　信度检验

信度是用来评价测量量表稳定性的指标,信度分析主要有复本信度(Parallel-form Reliability)、重测信度(Test-retest Reliability)、内部一致性信度(Internal Consistency Reliability)等。相比于前两种信度,内部一致性信度在管理学研究中更为常用,其主要用来评估量表内部指标之间的同质性(罗胜强、姜嬿,2014)。最常用的内部一致性信度系数为 Cronbach α 系数,其取值在 0 和 1 之间。一般而言,Cronbach α 系数大于 0.8 说明一致性非常好;0.7~0.8 之间说明一致性适中;小于 0.6 则说明一致性不好,表明该量表信度有问题了(Nunnally & Bernstein,1994;罗胜强、姜嬿,2014)。

本研究基于 SPSS 22.0 对调研数据进行了内部一致性检验,所涉及的所有研究变量的 Cronbach α 系数汇总情况如表 5.1 所示。任务互依性、尽责性、神经质、情绪耗竭、建言行为、外向性的 Cronbach α 系数分别为 0.824、0.822、0.791、0.945、0.938、0.717,均大于 0.7 的标准;另外,从项已删除的Cronbach α系数结果来看,删除题项并没有对变量的Cronbach α系数有显著提高或下降,说明本研究使用的测量量表具有很好的信度指标,可以对调研数据进行下一步的分析检验。需要说明的是,虽然大于0.7的标准,但是神经质的Cronbach α系数为0.791、外向性的Cronbach α系数为0.717,没有达到更为严格的大于0.8的标准,这可能与本研究所使用的Saucier(1994)开发的大五人格测量量表中有反向题项有一定的关系。

表5.1 变量内部一致性系数汇总表

变量名称	题项	项已删除的Cronbach α	Cronbach α
任务互依性	TI1.我们网点的同事必须彼此密切合作,才能正常地完成工作	0.782	0.824
	TI2.我们网点的同事必须经常协力合作	0.785	
	TI3.每个网点员工的工作表现依赖于能否从其他员工获取正确的信息	0.793	
	TI4.我们网点同事彼此的工作表现会明显地互相影响	0.790	
	TI5.要完成好我们网点的工作,同事之间需要频繁地相互交流和商量	0.785	
	TI6.我的工作很难独立完成,必须依赖或配合网点其他同事的工作	0.838	
尽责性	C1R.粗心的	0.813	0.822
	C2R.缺乏条理的	0.794	
	C3.效率高的	0.817	
	C4R.效率低的	0.797	
	C5.有条理的	0.788	
	C6.脚踏实地的	0.799	
	C7R.懒散的	0.805	
	C8.有计划的	0.796	
神经质	N1.爱羡慕别人的	0.780	0.791
	N2.易怒的	0.750	
	N3.爱嫉妒别人的	0.758	

（续表）

变量名称	题项	项已删除的 Cronbach α	Cronbach α
	N4. 喜怒无常的	0.742	
	N5R. 放松的	0.802	
	N6. 多变的	0.775	
	N7. 暴躁的	0.737	
	N8R. 不爱嫉妒的	0.795	
情绪耗竭	EE1. 我觉得工作使我感到心力交瘁	0.932	
	EE2. 一天的工作结束时我感到精疲力竭	0.936	
	EE3. 每天早晨起床时,一想到我要继续这样的工作,我就觉得郁闷	0.934	0.945
	EE4. 我觉得工作已经快把我的精力耗尽了	0.928	
	EE5. 我的工作让我有挫败感	0.945	
	EE6. 我觉得我工作得太累了	0.931	
建言行为	V1. 该员工会对影响网点的问题提出建议	0.931	
	V2. 该员工敢于鼓励网点其他同事参与到影响群体的事务之中	0.935	
	V3. 即使有不同甚至反对意见,该员工也会把自己关于工作的不同看法和同事交流	0.923	0.938
	V4. 当自己的观点可能对网点有帮助时,该员工会讲出来	0.925	
	V5. 该员工会积极参与到影响网点工作质量的议题中	0.921	
	V6. 该员工会为改进网点工作程序提出建议	0.922	
外向性	E1R. 害羞的	0.688	
	E2. 大胆的	0.699	
	E3. 精力充沛的	0.688	
	E4. 开朗的	0.679	
	E5R. 安静的	0.729	0.717
	E6R. 羞涩的	0.660	
	E7. 健谈的	0.661	
	E8R. 退缩的	0.699	

注:员工样本总数 N＝435;R 表示反向计分。

5.1.2 效度检验

效度是用来评价测量量表正确性或精确性的指标,效度分析主要有内容效度(Content Validity)、内部结构效度(Internal Structure Validity)以及基于与其他测量之间关系的效度,关于关系上的效度,测量学中又区分为效标效度(Criterion Validity)和构念效度(Construct Validity)(罗胜强、姜嬿,2014)。由于本研究所涉及变量的测量均来源于已有成熟量表,所以研究者主要对测量量表的内部结构效度进行了分析。

内部结构效度是指用测量工具所得到的数据结构是否与研究者对变量的预期结构相一致,因子分析是判别内部结构效度的一个重要工具(罗胜强、姜嬿,2014)。因子分析有两种:探索性因子分析(Exploratory Factor Analysis,EFA)和验证性因子分析(Confirmatory Factor Analysis,CFA)。当各个题项背后的结构未知时,采用探索性因子分析;当各个题项背后的结构已知,只是希望验证一下数据是否如研究者预期时,采用验证性因子分析。很明显,本研究选取的都是成熟量表对变量进行测量,题项背后的结构是已知的,应当采用验证性因子分析对测量量表进行内部结构效度检验。

研究中常用的拟合指标(Goodness of Fit Index)有 χ^2/df、RMSEA(Root Mean Square Error of Approximation)、NNFI(Non-Normed Fit Index)、IFI(Incremental Fit Index)、CFI(Comparative Fit Index)。由于 χ^2 的值对样本数量相当敏感,一般用 χ^2/df 的数值作为模型的拟合度评价指标,小于3说明模型拟合程度较好,小于5也可接受。RMSEA 参考标准,一般认为等于或小于 0.05 时,代表模型拟合程度较好;0.05~0.08 之间时,代表拟合程度可以接受;0.08~0.10 之间时,代表拟合程度一般;当大于 0.1 时,则代表模型与数据较差的拟合度。总体来讲,RMSEA 越小代表拟合程度越好(张伟雄、王畅,2014)。NNFI、IFI、CFI 这三个指标一般认为大于 0.9 时,模型拟合度较好,并且数值越大代表拟合程度越高。表 5.2 为模型拟合指标的参考标准。

表 5.2　测量模型拟合指标及参考标准

拟合指标	参考标准
χ^2/df	小于 5,小于 3 更好
RMSEA	小于 0.10,小于 0.05 更好
NNFI	大于 0.90,越接近 1 越好
IFI	大于 0.90,越接近 1 越好
CFI	大于 0.90,越接近 1 越好

资料来源:本研究根据资料整理。

本研究使用 LISREL 8.70 对调研数据进行验证性因子分析,并且进一步比较由任务互依性、尽责性、神经质、外向性、情绪耗竭和建言行为六个变量组成的六因子模型、五因子模型、四因子模型、三因子模型、二因子模型以及单因子模型的拟合指数。基于调研数据进行的验证性因子分析结果如表5.3 所示,六因子模型的拟合指标是:χ^2/df 为 3.23,符合小于 5 的标准;RMSEA 为 0.072,符合小于 0.1 的标准;NNFI、IFI、CFI 分别为 0.90、0.91、0.91,也符合大于 0.90 的标准,六因子模型整体拟合度达到参考标准。同时,与其他几个组合的测量模型相比,六因子模型对实际数据拟合得最为理想,因此本研究所使用的六个变量具有良好的结构效度。

表 5.3　不同组合测量模型拟合指标比较

模型	因子	χ^2/df	RMSEA	NNFI	IFI	CFI
六因子	TI;C;N;E;EE;V	3.23	0.072	0.90	0.91	0.91
五因子	TI;C+N;E;EE;V	5.77	0.105	0.83	0.84	0.84
五因子	TI;C;N+E;EE;V	5.72	0.104	0.84	0.85	0.85
五因子	TI;C+E;N;EE;V	5.35	0.100	0.85	0.85	0.85
四因子	TI;C+N+E;EE;V	6.27	0.110	0.82	0.83	0.83
三因子	TI+C+N+E;EE;V	8.22	0.129	0.77	0.79	0.79
二因子	TI+C+N+E+EE;V	14.34	0.175	0.66	0.68	0.68
一因子	TI+C+N+E+EE+V	20.19	0.210	0.56	0.58	0.58

注:员工样本总数 N=435;TI、C、N、E、EE、V 分别表示任务互依性、尽责性、神经质、外向性、情绪耗竭、建言行为;+代表两个因子合并为一个因子。

表 5.4 显示了基于调研数据进行的验证性因子分析得到的具体结果,分析结果显示:任务互依性 6 个测量题项的标准化载荷分别为 0.67、0.64、0.66、0.74、0.78、0.50,尽责性 8 个测量题项的标准化载荷分别为 0.50、0.63、0.51、0.64、0.73、0.66、0.57、0.68,神经质 8 个测量题项的标准化载荷分别为 0.41、0.72、0.60、0.78、0.34、0.59、0.83、0.30,情绪耗竭 6 个测量题项的标准化载荷分别为 0.88、0.85、0.87、0.91、0.77、0.89,建言行为 6 个测量题项的标准化载荷分别为 0.78、0.76、0.86、0.89、0.91、0.90,外向性 8 个测量题项的标准化载荷分别为 0.32、0.44、0.63、0.59、0.11、0.41、0.61、0.53。可见,绝大多数测量题项的因子载荷均高于 0.4 的一般建议标准,只有神经质第 5 个和第 8 个测量题项(N5R、N8R)的标准化载荷以及外向性第 5 个测量题项(E5R)的标准化载荷分别为 0.34、0.30 和 0.11,低于 0.4 的常用标准,该结果与上文 5.1.1 中对测量量表进行信度检验时,神经质和外向性的 Cronbach α 系数略低(0.791、0.717)的结论是相符的,这可能与上述三个题项采用的均是反向问题有关。虽然 N5R、N8R 和 E5R 三个题项标准化载荷偏低,但由于测量模型整体拟合度达到标准,因此本研究并没有对已有成熟量表的题项进行随意删减,仍保留了所有的测量题项进行之后的数据分析。

表 5.4　验证性因子分析结果

变量名称	题项	标准化载荷
任务互依性	TI1. 我们网点的同事必须彼此密切合作,才能正常地完成工作	0.67
	TI2. 我们网点的同事必须经常协力合作	0.64
	TI3. 每个网点员工的工作表现依赖于能否从其他员工获取正确的信息	0.66
	TI4. 我们网点同事彼此的工作表现会明显地互相影响	0.74
	TI5. 要完成好我们网点的工作,同事之间需要频繁地相互交流和商量	0.78
	TI6. 我的工作很难独立完成,必须依赖或配合网点其他同事的工作	0.50

（续表）

变量名称	题项	标准化载荷
尽责性	C1R. 粗心的	0.50
	C2R. 缺乏条理的	0.63
	C3. 效率高的	0.51
	C4R. 效率低的	0.64
	C5. 有条理的	0.73
	C6. 脚踏实地的	0.66
	C7R. 懒散的	0.57
	C8. 有计划的	0.68
神经质	N1. 爱羡慕别人的	0.41
	N2. 易怒的	0.72
	N3. 爱嫉妒别人的	0.60
	N4. 喜怒无常的	0.78
	N5R. 放松的	0.34
	N6. 多变的	0.59
	N7. 暴躁的	0.83
	N8R. 不爱嫉妒的	0.30
情绪耗竭	EE1. 我觉得工作使我感到心力交瘁	0.88
	EE2. 一天的工作结束时我感到精疲力竭	0.85
	EE3. 每天早晨起床时，一想到我要继续这样的工作，我就觉得郁闷	0.87
	EE4. 我觉得工作已经快把我的精力耗尽了	0.91
	EE5. 我的工作让我有挫败感	0.77
	EE6. 我觉得我工作得太累了	0.89
建言行为	V1. 该员工会对影响网点的问题提出建议	0.78
	V2. 该员工敢于鼓励网点其他同事参与到影响群体的事务之中	0.76
	V3. 即使有不同甚至反对意见，该员工也会把自己关于工作的不同看法和同事交流	0.86

(续表)

变量名称	题项	标准化载荷
	V4.当自己的观点可能对网点有帮助时,该员工会讲出来	0.89
	V5.该员工会积极参与到影响网点工作质量的议题中	0.91
	V6.该员工会为改进网点工作程序提出建议	0.90
外向性	E1R.害羞的	0.32
	E2.大胆的	0.44
	E3.精力充沛的	0.63
	E4.开朗的	0.59
	E5R.安静的	0.11
	E6R.羞涩的	0.41
	E7.健谈的	0.61
	E8R.退缩的	0.53

注:员工样本总数 N=435;R 表示反向计分。

5.2 变量相关性分析

在本研究所使用的调研数据中,除了性别、年龄、教育程度、工作年限这4 个人口统计变量是被直接赋值外,其余 6 个研究变量(外向性、任务互依性、尽责性、神经质、情绪耗竭、建言行为)均为潜变量,需要将各个测量题项的得分进行平均之后才能得到相应研究变量的得分。在此基础上,对这些研究变量进行相关分析可以检验出每两个变量之间线性相关的显著水平和强弱程度。

通过运用 SPSS 22.0 对本研究所涉及的变量进行相关性分析,具体结果如表 5.5 所示。从相关系数来看,建言行为与年龄($r=.17,p<.01$)、工作年限($r=.17,p<.01$)、外向性($r=.14,p<.01$)显著正相关,与情绪耗竭($r=-.12,p<.05$)显著负相关;情绪耗竭与性别($r=.12,p<.05$)、任务互依性($r=.13,p<.01$)、神经质($r=.30,p<.01$)显著正相关,与教育程度

表 5.5　变量相关性分析结果

变量	均值	标准差	性别	年龄	教育程度	工作年限	外向性	任务互依性	尽责性	神经质	情绪耗竭	建言行为
性别	.66	.47	1									
年龄	28.99	4.53	-.03	1								
教育程度	1.91	.49	-.10*	-.09	1							
工作年限	6.79	4.88	.04	.90**	-.27**	1						
外向性	4.52	.80	-.16**	.01	.05	.01	1					
任务互依性	5.06	1.03	-.02	.07	.04	.04	-.02	1				
尽责性	5.20	.84	.04	.18**	.03	.18**	.34**	-.02	1			
神经质	2.90	.92	.08	-.08	-.04	-.07	-.23**	.04	-.54**	1		
情绪耗竭	3.41	1.38	.12*	.05	-.10*	.07	-.26**	.13**	-.16**	.30**	1	
建言行为	5.19	1.05	.02	.17**	.05	.17**	.14**	.05	.05	.01	-.12*	1

注：（1）员工样本总数 N=435；（2）* $p<.05$，** $p<.01$（双尾检验）；（3）性别为虚拟变量（男＝0，女＝1），教育程度为虚拟变量（本科以下＝1，大学本科＝2，本科以上＝3）。

$(r=-.10, p<.05)$、外向性$(r=-.26, p<.01)$、尽责性$(r=-.16, p<.01)$显著负相关;神经质与外向性$(r=-.23, p<.01)$、尽责性$(r=-.54, p<.01)$显著负相关;尽责性与年龄$(r=.18, p<.01)$、工作年限$(r=.18, p<.01)$、外向性$(r=.34, p<.01)$显著正相关;外向性与性别$(r=-.16, p<.01)$显著负相关。

5.3 研究假设检验

虽然本研究的理论模型都是个体层面的研究变量,不存在跨层次的问题,但是由于数据收集时,是让一个网点主任同时评价多个员工的建言行为(平均值为 7.5),来自同一主管评价的员工建言行为并非相互独立,这可能违反传统最小二乘法回归的样本独立性假设,从而导致有偏估计(赵可汗等,2014)。因此,在检验研究假设前,研究者首先运用无条件模型(Null Model)对员工建言行为的主管层次方差解释比例进行了显著性检验。无条件模型分析结果表明,建言行为的主管层次方差解释比例明显[ICC(1) $=.44, p=.00$]。因此,在进行关于建言行为的回归分析时,本研究采取White 修正的聚类估计法回归(White-Corrected Clustered Regression),这种方法既考虑了组内的方差又修正了组间的异方差性(Rogers, 1993),研究者运用 STATA 11.0 对调研数据进行研究假设检验。

5.3.1 任务互依性和大五人格对建言行为共同影响作用的检验

本研究的第一组假设分别是检验尽责性(假设 1)与神经质(假设 2)在任务互依性对员工建言行为影响中的调节作用。根据罗胜强和姜嬿(2014)的观点,可以用层级回归法检验调节作用是否存在:模型一只放入控制变量,模型二加入自变量和调节变量,模型三再加入"自变量×调节变量"的乘积项(将中心化或标准化处理后的自变量和调节变量相乘即可),如果数据结果表明模型三中乘积项的回归系数显著(服从 t 分布),则证明调节效应存在;也可以通过 ΔR^2 是否显著(服从 F 分布)来证明调节效应是否存在。两个检验结果应该是吻合的。

本研究运用 STATA 11.0 对调研数据进行 White 修正的聚类估计法

回归,数据分析结果如表 5.6 所示。按照罗胜强和姜嬿(2014)的分析步骤在模型 0 中只放入控制变量(性别、年龄、教育程度、任职年限、外向性),在模型 1-1 和 2-1 中分别只放入自变量(任务互依性)和调节变量(尽责性、神经质),在模型 1-2 和 2-2 中再放入乘积项(任务互依性×尽责性、任务互依性×神经质),需要说明的是,在计算乘积项之前,本研究将自变量和调节变量均进行了标准化处理。数据分析结果表明,利用层级回归法在模型 1-2 加入任务互依性×尽责性的乘积项以后,乘积项对建言行为作用显著($B = -.12, p < .001; \Delta R^2 = .02, p < .05$),说明尽责性在任务互依性对员工建言行为影响中的调节作用存在。在模型 2-2 加入任务互依性×神经质的乘积项以后,乘积项对建言行为作用也达到显著水平($B = .11, p < .05; \Delta R^2 = .01, p < .1$),说明神经质在任务互依性对员工建言行为影响中的调节作用存在。

表 5.6　建言行为的主效应分析

		建言行为				
		模型 0	模型 1-1	模型 1-2	模型 2-1	模型 2-2
控制变量	性别	.10	.11	.09	.09	.08
	年龄	.01	.01	.01	.01	.01
	教育程度	.20[†]	.20[†]	.20[†]	.20[†]	.19[†]
	任职年限	.03	.03	.03[†]	.03	.03
	外向性	.18**	.20**	.20**	.20**	.19**
自变量	任务互依性		.05	.08	.04	.07
调节变量	尽责性		−.06	−.06		
	神经质				.06	.06
乘积项	任务互依性×尽责性			−.12***		
	任务互依性×神经质					.11*
	R^2	.06	.06	.08	.06	.07
	F	4.42	3.41[†]	5.51*	3.93[†]	4.25[†]
	ΔR^2		.00	.02	.00	.01
	ΔF		.86	6.96*	1.09	4.50[†]

注:(1) 员工样本总数 N=435,主管样本总数 n=58;(2) [†]$p < .1$,* $p < .05$,** $p < .01$;*** $p < .001$(双尾检验);(3) 表中汇报的是非标准化回归系数。

图 5.1 形象地描绘了尽责性在任务互依性对员工建言行为影响中的调节作用。本研究使用 Aiken & West(1991)的方法进一步进行了简单斜率检验(Simple Slope Test),结果显示:当尽责性高(＋sd)时,任务互依性对建言行为的简单斜率为－0.05($t=-.91,p>.05$);当尽责性低(－sd)时,任务互依性对建言行为的简单斜率为 0.25($t=2.27,p<.05$)。数据分析结果表明,尽责性负向调节任务互依性与员工建言行为之间的关系,即这个关系对尽责性低的员工更为显著。因此,假设 1 得到验证。

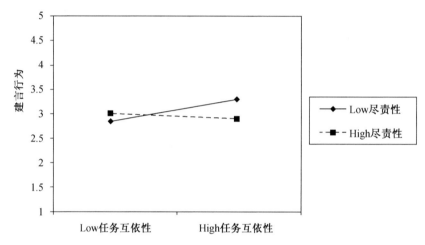

图 5.1　尽责性对任务互依性与建言行为之间关系的调节作用

图 5.2 形象地描绘了神经质在任务互依性对员工建言行为影响中的调

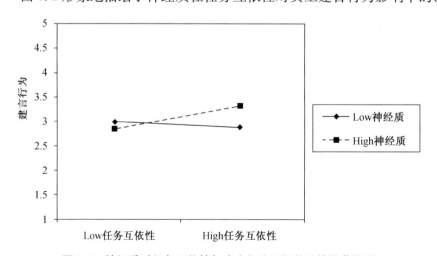

图 5.2　神经质对任务互依性与建言行为之间关系的调节作用

节作用。进一步简单斜率检验的结果显示,当神经质高(＋sd)时,任务互依性对建言行为的简单斜率为 0.17($t=2.11$, $p<.05$);当神经质低(－sd)时,任务互依性对建言行为的简单斜率为－0.03($t=-.55$, $p>.05$)。数据分析结果表明,神经质正向调节任务互依性与员工建言行为之间的关系,即这个关系对神经质高的员工更为显著。因此,假设 2 得到验证。

5.3.2 任务互依性和大五人格对情绪耗竭共同影响作用的检验

假设 3 和假设 4 分别是检验尽责性、神经质在任务互依性对情绪耗竭影响中的调节作用。本研究还是按照罗胜强和姜嬿(2014)的分析步骤运用 STATA 11.0 对调研数据进行一般回归分析,模型一只放入控制变量,模型二加入自变量和调节变量,模型三再加入"自变量×调节变量"的乘积项(将中心化或标准化处理后的自变量和调节变量相乘即可),如果数据结果表明模型三中乘积项的回归系数显著(服从 t 分布),则证明调节效应存在;也可以通过 ΔR^2 是否显著(服从 F 分布)来证明调节效应是否存在。两个检验结果应该是吻合的。数据分析结果如表 5.7 所示,结果表明,模型 1－2 加入任务互依性×尽责性的乘积项以后,乘积项对情绪耗竭作用显著($B=.13$, $p<.05$; $\Delta R^2=.01$, $p<.1$),说明尽责性在任务互依性对情绪耗竭影响中的调节作用存在。

表 5.7 情绪耗竭的主效应分析

		情绪耗竭				
		模型 0	模型 1－1	模型 1－2	模型 2－1	模型 2－2
控制变量	性别	.19	.23†	.25†	.17	.17
	年龄	－.01	－.01	.01	－.01	－.01
	教育程度	－.17	－.17	－.17	－.15	－.15
	任职年限	.03	.03	.03	.03	.03
	外向性	－.43***	－.37***	－.37***	－.33***	－.33***
自变量	任务互依性		.16**	.13*	.15*	.15*
调节变量	尽责性		－.16†	－.16†		
	神经质				.38***	.38***

（续表）

		情绪耗竭				
		模型 0	模型 1-1	模型 1-2	模型 2-1	模型 2-2
乘积项	任务互依性×尽责性			**.13***		
	任务互依性×神经质					**.00**
R^2		.08	.11	.12	.16	.16
F		7.90	7.31*	7.01*	11.59**	10.12*
ΔR^2			.02	**.01**	.08	**0**
ΔF			5.45*	**4.43†**	19.16**	**0**

注:(1) 员工样本总数 $N=435$;(2) † $p<.1$,* $p<.05$,** $p<.01$,*** $p<.001$(双尾检验);(3) 表中汇报的是非标准化回归系数。

图 5.3 形象地描绘了尽责性在任务互依性对情绪耗竭影响中的调节作用。本研究使用 Aiken & West(1991)的方法进一步进行了简单斜率检验，结果显示:当尽责性高($+$sd)时,任务互依性对情绪耗竭的简单斜率为 0.25($t=2.45$,$p<.05$);当尽责性低($-$sd)时,任务互依性对情绪耗竭的简单斜率为 -0.04($t=-.33$,$p>.05$)。数据分析结果表明,尽责性正向调节任务互依性与情绪耗竭之间的关系,即这个关系对尽责性高的员工更为显著。因此,假设 3 得到验证。

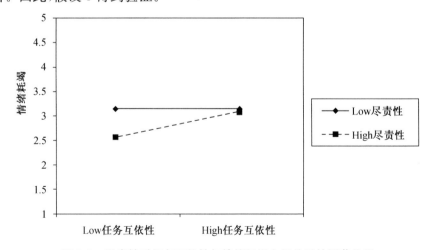

图 5.3 尽责性对任务互依性与情绪耗竭之间关系的调节作用

接下来,本研究对神经质在任务互依性与情绪耗竭关系中的调节作用进行检验。数据结果表明,在模型2-2加入任务互依性×神经质的乘积项以后,乘积项对情绪耗竭没有显著影响($B=.00$,$p>.1$;$\Delta R^2=0$,$p>.1$),说明神经质在任务互依性对情绪耗竭影响中的调节作用不存在。因此,假设4未得到验证。

5.3.3　情绪耗竭对建言行为影响作用的检验

本研究的假设5是检验情绪耗竭对建言行为有显著的负向影响。模型一只放入控制变量,模型二加入情绪耗竭,如果数据结果表明模型二中情绪耗竭的回归系数显著(服从t分布),则证明情绪耗竭对建言行为有显著影响。运用STATA 11.0对调研数据进行White修正的聚类估计法回归的结果如表5.8所示,模型0只加入控制变量,在模型1加入情绪耗竭以后,情绪耗竭对建言行为有显著的负向预测作用($B=-.11$,$p<.05$;$\Delta R^2=.01$,$p<.1$)。因此,假设5得到验证。

表5.8　情绪耗竭对建言行为的效应分析

		建言行为	
		模型0	模型1
控制变量	性别	.10	.11
	年龄	.01	.01
	教育程度	.20†	.18†
	任职年限	.03	.03
	外向性	.18**	.15**
中介变量	情绪耗竭		**−.11***
R^2		.06	.07
F		4.42	4.45†
ΔR^2			**.01**
ΔF			**4.40†**

注:(1) 员工样本总数 N=435,主管样本总数 n=58;(2) † $p<.1$,* $p<.05$,** $p<.01$(双尾检验);(3) 表中汇报的是非标准化回归系数。

5.3.4 情绪耗竭在调节作用中的中介效应的检验

假设 6 和假设 7 分别是检验两个被中介的调节模型,本研究遵循 Muller, Judd & Yzerbyt(2005)的操作步骤对被中介的调节假设进行如下逐步检验:① 自变量×调节变量的乘积项对中介变量有显著影响;② 当加入控制变量以后,自变量×调节变量的乘积项对因变量有显著影响;③ 当再加入中介变量×调节变量的乘积项以后,中介变量对因变量有显著影响;④ 当中介变量放入以后,自变量×调节变量的乘积项对因变量的影响作用不再显著(完全中介)或者下降(部分中介)。满足上述步骤,则被中介的调节效应显著。

研究者运用 STATA 11.0 对调研数据进行层级回归分析,关于建言行为的回归用 White 修正的聚类估计法回归分析,关于情绪耗竭的回归用一般回归分析,计算乘积项之前先将相关变量进行标准化处理。

假设 6 关于任务互依性×尽责性对建言行为的调节作用被情绪耗竭中介的数据分析过程如表 5.9 所示:① 在模型 1-2 中,自变量×调节变量的乘积项(任务互依性×尽责性)对中介变量(情绪耗竭)有显著影响($B=.13, p<.05; \Delta R^2=.01, p<.1$);② 在模型 2-2 中,当加入控制变量以后,自变量×调节变量的乘积项(任务互依性×尽责性)对因变量(建言行为)有显著影响($B=-.12, p<.01; \Delta R^2=.02, p<.05$);③ 在模型 2-3 中,当再加入中介变量×调节变量的乘积项(情绪耗竭×尽责性)以后,中介变量(情绪耗竭)对因变量(建言行为)有显著影响($B=-.11, p<.1; \Delta R^2=.02, p<.1$);④ 在模型 2-3 中,当中介变量(情绪耗竭)放入以后,自变量×调节变量的乘积项(任务互依性×尽责性)对因变量(建言行为)的影响作用有所下降($B=-.12, p<.01$ 下降为 $B=-.13, p<.01$),说明存在部分中介效应。综上所述,以上四个步骤的分析均得到支持,因此假设 6 得到验证,任务互依性和尽责性通过情绪耗竭的中介作用共同影响员工的建言行为。

假设 7 关于任务互依性×神经质对建言行为的调节作用被情绪耗竭中介的数据分析过程如表 5.10 所示:在模型 3-2 中,自变量×调节变量的乘积项(任务互依性×神经质)对中介变量(情绪耗竭)没有显著影响($B=.00,$

表 5.9 被中介的调节作用分析（任务互依性×尽责性）

		情绪耗竭			建言行为			
		模型 1-0	模型 1-1	模型 1-2	模型 2-0	模型 2-1	模型 2-2	模型 2-3
控制变量	性别	0.19	0.23†	0.25†	0.10	0.11	0.09	0.10
	年龄	-0.01	-0.01	-0.01	0.01	0.01	0.01	0.01
	教育程度	-0.17	-0.17	-0.17	0.20†	0.20†	0.20†	0.19†
	工作年限	0.03	0.03	0.03	0.03	0.03	0.03†	0.04†
	外向性	-0.43***	-0.37***	-0.37***	0.18**	0.20**	0.20**	0.18*
自变量	任务互依性		0.16**	0.13*		0.05	0.08	0.08
调节变量	尽责性		-0.16†	-0.16†		-0.06	-0.06	-0.06
乘积项	任务互依性×尽责性			0.13*			-0.12**	-0.13**
中介变量和乘积项	情绪耗竭							-0.11†
	情绪耗竭×尽责性							0.08
	R^2	0.08	0.11	0.12	0.06	0.06	0.08	0.09
	F	7.90	7.31*	7.01*	4.42	3.41†	5.51*	5.58*
	ΔR^2		0.02	0.01		0.00	0.02	0.02
	ΔF		5.45*	4.43*		0.86	6.96**	3.59**

注：(1) 员工样本总数 N=435，主管样本总数 n=58；(2) †$p<.1$，*$p<.05$，**$p<.01$；***$p<.001$(双尾检验)；(3) 表中汇报的是非标准化回归系数。

表 5.10　被中介的调节作用分析(任务互依性×神经质)

		情绪耗竭			建言行为			
		模型 3-0	模型 3-1	模型 3-2	模型 4-0	模型 4-1	模型 4-2	模型 4-3
控制变量	性别	0.19	0.17	0.17	0.10	0.09	0.08	0.10
	年龄	-0.01	-0.01	-0.01	0.01	0.01	0.01	0.01
	教育程度	-0.17	-0.15	-0.15	0.20†	0.20†	0.19†	0.18†
	工作年限	0.03	0.03	0.03	0.03	0.03	0.03	0.04
	外向性	-0.43***	-0.33***	-0.33***	0.18**	0.20**	0.19**	0.16*
自变量	任务互依性		0.15*	0.15*		0.04	0.07	0.09
调节变量	神经质		0.38***	0.38***		0.06	0.06	0.10*
乘积项	任务互依性×神经质			0.00			0.11*	0.11*
中介变量和乘积项	情绪耗竭							-0.11†
	情绪耗竭×神经质							0.08
	R^2	0.08	0.16	0.16	0.06	0.06	0.07	0.09
	F	7.90	11.59**	10.12*	4.42	3.93†	4.25†	4.60*
	ΔR^2		0.08	0		0.00	0.01	0.02
	ΔF		19.16**	0		1.09	4.50†	3.55†

注:(1)员工样本总数 N=435,主管样本总数 n=58;(2)†p<.1, *p<.05, **p<.01; ***p<.001(双尾检验);(3)表中汇报的是非标准化回归系数。

$p>.1; \Delta R^2=0, p>.1$），没有必要继续下一步的分析步骤，因此假设 7 没有得到验证，任务互依性和神经质对员工建言行为的共同影响作用并没有通过情绪耗竭这一中介机制传递。

5.3.5　假设检验结果汇总

综上所述，本研究所提出的研究假设除了两个假设（H4、H7）没有得到支持以外，其余五个假设（H1、H2、H3、H5、H6）均得到支持，表 5.11 对全部研究假设的数据检验结果进行了汇总。

表 5.11　研究假设检验结果汇总

编号	假设内容	检验结果
假设 1	尽责性负向调节任务互依性与员工建言行为之间的关系，即这个关系对尽责性低的员工更为显著。	支持
假设 2	神经质正向调节任务互依性与员工建言行为之间的关系，即这个关系对神经质高的员工更为显著。	支持
假设 3	尽责性正向调节任务互依性与情绪耗竭之间的关系，即这个关系对尽责性高的员工更为显著。	支持
假设 4	神经质正向调节任务互依性与情绪耗竭之间的关系，即这个关系对神经质高的员工更为显著。	不支持
假设 5	情绪耗竭对员工的建言行为有显著负向影响。	支持
假设 6	任务互依性和尽责性通过情绪耗竭的中介作用共同影响员工的建言行为。	支持
假设 7	任务互依性和神经质通过情绪耗竭的中介作用共同影响员工的建言行为。	不支持

5.4　本章小结

本章通过 435 份从不同时间以及不同来源收集到的有效样本数据对理论模型和研究假设进行了检验。具体而言，为保障测量工具和样本数据的准确性和可靠性，本研究首先通过描述性统计分析、信度分析和验证性因子分析来检验数据的分布情况、量表的信度和效度以及模型的整体拟合程度；接着运用 SPSS、LISREL、STATA 软件，通过相关分析、层级回归、White

修正的聚类估计法回归检验了本研究提出的研究假设;最后对假设检验结果进行了汇总,实证结果发现本研究所提出的 7 个假设中,除了假设 4 和假设 7 之外,其余 5 个假设均得到了支持。在下一章中,本研究将会对这些研究结果做进一步的讨论。

第六章　研究结论与未来展望

6.1　研究结论与讨论

　　本研究基于资源保存理论、工作要求—资源模型以及压力的交互理论，通过构建两个被中介的调节模型，探讨了任务互依性对员工建言行为的影响机制。研究者选取已有的成熟量表，采用问卷调查的研究方法，从不同时间(两个时间段，中间间隔三周左右)以及不同来源(员工填答、领导评价、客观数据)收集了 435 份有效的样本数据。为保障测量工具和样本数据的准确性和可靠性，本研究通过描述性统计分析、信度分析和验证性因子分析来检验数据的分布情况、量表的信度和效度以及模型的整体拟合程度。运用 SPSS、LISREL、STATA 这三个统计分析软件，通过相关分析、层级回归、White 修正的聚类估计法回归来检验本研究所提出的研究假设。数据分析结果表明：任务互依性和尽责性会通过情绪耗竭的中介作用共同影响员工的建言行为，而任务互依性和神经质对员工建言行为的共同影响作用并没有通过情绪耗竭这一中介机制传递。下文将基于研究假设的检验结果对本研究所得出的结论做进一步深入的总结和探讨。

6.1.1　对已得到实证支持的结论的探讨

　　(1) 任务互依性和大五人格对建言行为存在共同影响作用

　　根据工作要求—资源模型的观点，所有工作特征都可以归纳为工作要求和工作资源两种类型(Bakker，Demerouti & Sanz-Vergel，2014；Demerouti et al.，2001)，本研究将任务互依性视为是工作要求的一种。但是，任务互依性这种工作要求又有别于一般的工作要求，这是因为诸如角色模糊、时间压力等工作要求明显会给工作者带来生理或心理健康方面的负面影响,而任务互依性对工作者带来的影响作用并不是那么显而易见的,已有关于任务互依性影响作用的研究并没有得出统一结论可以为此提供有力的证据。因此,本研究又基于压力的交互理论的观点,进一步认为在讨论任务互依性的影响作用时不应忽视对工作者个体特质的考虑。不同特质的个体对任务互依性这一种工作要求的认知评价可能是不同的,应该探讨任务互依性和个体特质对结果发挥的共同作用,并由此提出本研究的假设1和假设2,直接检验了任务互依性和大五人格对建言行为的共同影响作用。

本研究的实证结果表明,任务互依性确实不会对建言行为有直接的影响作用,任务互依性和大五人格对建言行为存在共同影响作用。具体而言,尽责性和神经质均在任务互依性和员工建言行为的关系之间起调节作用,对尽责性低或者神经质高的员工而言,任务互依性对建言行为有显著正向影响;对尽责性高或者神经质低的员工而言,任务互依性对建言行为影响不大。另外,虽然本研究没有直接检验任务互依性对建言行为的直接影响作用,但从表5.6的模型1-1和1-2均可发现,任务互依性与建言行为之间并不存在显著的作用关系($B=.05,p>.05$;$B=.08,p>.05$)。这个研究结论验证了压力的交互理论的观点,认为压力不是个体特质的产物,也不是环境条件的产物,而是个体特质与环境条件相互影响的作用结果,认知评价在这一过程中发挥着重要的作用(Lazarus & Folkman,1984)。同时,该研究结论也符合Grant & Parker(2009)总结的从性格依存的视角来解释任务互依性对团队或员工情感态度、行为绩效的影响机制的观点。

(2)任务互依性和尽责性对情绪耗竭存在共同影响作用

根据上述压力的交互理论的观点,本研究认为任务互依性和尽责性对情绪耗竭存在共同影响作用,即假设3提出的内容。

本研究的实证结果表明,尽责性正向调节任务互依性与情绪耗竭之间的关系,即这个关系对尽责性高的员工更为显著。尽责性高的个体具有遵守规则、克制冲动、任务和目标导向的典型特征(John & Srivastava,1999),随着任务互依性水平的不断提高,他们所感知到的压力会越来越大,越容易产生情绪耗竭。这主要是因为,在任务互依性低的工作要求中,尽责性高的个体完全可以凭借自身的努力程度顺利完成工作任务,这对于有计划性和目标性的高尽责性个体而言,可控程度相对较高,只要能力达到,完成工作任务指日可待。而在高任务互依性的工作要求中,任务的顺利完成不仅取决于个体自身的努力水平,而且还依赖于团队其他成员的协作和配合程度。这对于有计划性和目标性的高尽责性个体而言,可控程度相对较弱,更容易使他们因完成工作任务的不确定性而感受到焦虑和压力,因此也更容易产生情绪耗竭。这个研究结论也对大五人格理论呼吁要关注人格特质的负面作用做出了回应(Thomas,Whitman & Viswesvaran,2010;张兴贵、熊懿,2012)。

(3)情绪耗竭对建言行为存在负向影响作用

资源保存理论有"资源保存"和"资源获取"两大原则,根据资源保存理论的观点,个体之所以建言是基于自我的考虑结果,既可以将建言行为视为是员工保存自身资源的一种选择,也可以将建言行为看成是员工获取更多资源的一种方式。本研究基于"资源保存"原则,认为个体会因为建言需要消耗资源而减少建言作为面对压力时的反应措施,并提出假设5,认为情绪耗竭对员工的建言行为有显著负向影响。

本研究的实证结果支持"资源保存"原则的观点。建言行为是一种挑战现状的主动性行为,本身就需要消耗资源,只有当建言获得成功时才有可能获取资源。对于本身已经情绪耗竭的个体而言,他需要调用更多的精力投入在应对压力上,更倾向于选择不建言以达到保存资源的目的。这个研究结论也与有限的从自我导向视角探讨员工为何选择建言的研究结论一致(Ng & Feldman,2012;Qin et al.,2014)。

(4)尽责性的被中介的调节模型成立

关于建言行为的产生机制,目前绝大多数的研究都是基于社会交换理论视角,将建言行为视为是他人导向的。其主要的解释逻辑是,组织或领导给予员工利益、关怀、支持等,通过互惠规范使得员工产生回报组织或领导的责任感和动机,因而更容易表现出有利于组织或领导的角色外行为。然而,建言行为除了可以从社会交换理论视角解释为他人导向的行为之外,也可能是自我导向的行为(Bolino,Turnley & Niehoff,2004)。本研究基于资源保存理论,从自我导向动机探讨建言行为的产生机制,并基于工作要求—资源模型中工作要求的健康损伤过程提出假设6,认为任务互依性和尽责性通过情绪耗竭的中介作用共同影响员工的建言行为。

本研究的实证结果表明,情绪耗竭在任务互依性和尽责性对员工建言行为的共同影响作用中存在部分中介效应。这个研究结论跳出了他人导向动机的传统思维,为建言行为自我导向动机的存在提供了又一有力的实证检验证据。

6.1.2 对未得到实证支持的假设的探讨

(1) 任务互依性和神经质对情绪耗竭不存在共同影响作用

本研究的实证结果表明,任务互依性和神经质对情绪耗竭不存在共同影响作用($B=.00, p>.1$)。从表5.7的模型2-1可以进一步发现,任务互依性对情绪耗竭有显著的正向影响作用($B=.15, p<.05$),神经质对情绪耗竭也有显著的正向影响作用($B=.38, p<.001$)。本研究认为这个假设未得到支持可能的解释是,任务互依性高的工作本身就具有一定的挑战性,要求团队成员之间通过高度的交流合作、协调配合才能完成任务。无论对神经质高或是对神经质低的个体而言,高水平的任务互依性都相当于增加了环境刺激,使其自身资源在频繁互动和完成工作时消耗得更快,容易产生情绪耗竭的感觉。在这个过程中,神经质高的个体只是比神经质低的个体产生更多的情绪耗竭而已,并不存在显著的差异。

(2) 神经质的被中介的调节模型不成立

本研究基于资源保存理论,从自我导向动机探讨建言行为的产生机制,并基于工作要求—资源模型中工作要求的健康损伤过程提出假设7,认为任务互依性和神经质通过情绪耗竭的中介作用共同影响员工的建言行为。

本研究的实证结果表明,任务互依性和神经质对员工建言行为的共同影响作用并没有通过情绪耗竭这一中介机制传递。本研究认为这个假设未得到支持可能的解释有两个:① 研究建言行为的传统视角将其看成是员工内心产生建言的想法和意愿,以及员工将潜在的建言意愿转化成实际的建言行为的两个阶段的过程。这个视角其实是将员工建言行为当作理性决策的结果,是一种计划行为(Liang, Farh & Farh, 2012; Morrison, 2011; Morrison, 2014),只有当员工经过分析判断,认为建言是有用的并且是安全的之后,才会产生实际的建言行为。从计划行为视角对建言行为产生机制的研究有很多,其中绝大多数都是基于社会交换理论视角,将建言行为视为是他人导向的。本研究基于资源保存理论,从自我导向动机探讨建言行为的产生机制,提出情绪耗竭的中介效应并未得到实证结果支持,这说明任务互依性和神经质对员工建言行为的共同影响作用,一方面可能是通过自我导向动机的其他中介变量传导的,另一方面也可能是通过他人导向动机的中介机制传导的,今后的研究可以进一步去检验其他可能的作用机制。② 很多学者意识到建言行为既可能是理性决策的结果,也可能是个体无意识的或情绪的直接反应(Grant,2013;Morrison,2014)。Kish-Gephart et al.(2009)认为,愤怒(Anger)情绪有助于员工打破沉默、推动建言。神经质高的个体具有的一个典型特征正好就是情绪状态不稳定,因此更可能触发上述提到的无意识或情绪直接反应的建言行为,今后的研究可以进一步去检验其中可能的作用机制。

6.2　理论贡献与实践启示

本研究提出了任务互依性和大五人格是否会对员工建言行为产生共同的影响作用,以及共同影响作用是否可以通过基于自我导向视角的中介作用路径加以解释这两个主要的研究问题;基于资源保存理论、工作要求—资源模型以及压力的交互理论,构建了两个被中介的调节模型;并通过不同时间以及不同来源收集到的 435 份有效样本数据,运用层级回归、White 修正的聚类估计法回归来检验研究假设。所得的研究结论对丰富现有的建言行为前因变量及作用机制研究具有主要的理论贡献,也对丰富工作设计理论和大五人格理论具有一定的理论贡献。除此之外,本研究的研究结论也具有较大的管理实践启示。

6.2.1　理论贡献

第一,本研究将工作设计理论引入对员工建言行为的研究中。建言行为是一种员工旨在改善组织现状而主动向上级管理者提出观点、意见、建议的角色外行为,自从概念提出以来一直受到理论界和实践界的关注,研究成果十分丰富。学者们已经从员工个体因素(性格特征、文化价值观、态度动机等)、领导者因素(领导风格、领导个性特征、领导成员交换等),以及组织因素(组织氛围)等各方面对建言行为的前因变量进行了全面地剖析和丰富地讨论,但从工作设计理论视角,探讨工作本身的特征对员工建言行为会产生怎样影响的研究却十分匮乏,只有少数的研究进行了这方面的尝试(Fuller,Marler & Hester,2006;杜鹏程、宋锟泰、汪点点,2014;石冠峰、梁鹏,2016;周浩、龙立荣,2013)。然而,工作设计理论是一个涵盖多个概念的大领域,目前仍有很多工作特征并未被纳入对建言行为的讨论中,例如工作反馈、工作复杂性、工作多样性、任务互依性等(Marinova et al.,2015;郭云贵,2016)。本研究选取任务互依性这个描述工作社会属性方面特征的前因变量,从交互理论的视角探讨了任务互依性和个体特质对员工建言行为产生的共同影响作用。研究结果发现,尽责性和神经质均在任务互依性和员工建言行为的关系之间起调节作用,对尽责性低或者神经质高的员工而言,任务互依性对建言行为有显著正向影响;对尽责性高或者神经质低的员工而言,任务互依性对建言行为影响不大。作为将工作设计理论引入对员工建言行为研究中的又一尝试,本研究丰富了已有关于建言行为影响因素的研究。

第二,本研究从自我导向视角探讨员工建言行为的产生机制。绝大多数关于建言行为产生机制的研究都是基于社会交换理论视角,将建言行为视为是他人导向的,认为员工建言的原因是出于回报组织或领导的责任感和动机,其中的中介变量有心理安全感(Li et al.,2014;Troster & Van Knippenberg,2012)、工作满意度和组织承诺(Tucker & Turner,2015;Wang et al.,2014)、责任知觉(Liang,Farh & Farh,2012)、领导成员交换(Botero & Van Dyne,2011;汪林等,2010)等。本研究跳出建言行为是他人导向动机的传统思维,认为建言行为除了是一种基于互惠规范而产生的服务他人的行为之外,也有可能是一种被用作个体调节自身资源的行为。本研究基于资源保存理论,从自我导向视角探讨员工建言行为的产生机制,并且提供了实证数据检验结果,发现任务互依性和尽责性会通过情绪耗竭的中介作用共同影响员工的建言行为,这个研究结论为学者们从理论上和实证中初步提出的自我导向建言行为的存在提供了又一有力证据(Ng & Feldman,2012;Qin et al.,2014)。

第三,本研究也丰富了现有工作设计理论的研究。工作设计理论多年以来一直都是管理学的研究热点,虽然学者们已经建构了许多包括工作特征理论在内的经典理论与模型,但是随着时间的推移,工作特征模型也越来越多地受到质疑与挑战(Grant & Parker,2009;Parker,2014)。争论焦点主要集中在工作特征维度的划分上,他们认为现有模型只是描述了工作任务的部分特征,并没有包含全部(Morgeson & Campion,2003;Oldham & Hackman,2010),很多学者更是直接指出工作特征模型忽视了工作特征中的社会属性(Parker,2014)。除了工作特征维度的划分,还有一部分对工作特征模型的质疑与挑战聚焦于模型的结果变量以及体现个体差异的调节变量。关于结果变量的选取,一些学者认为工作特征模型主要关注的是工作绩效、缺勤率等动机结果,忽视了诸如利他行为、帮助行为等非动机结果;关于调节变量的选取,一些学者也呼吁用更多体现个体差异的变量来检验调节作用(Grant & Parker,2009;Oldham & Hackman,2010)。本研究选取任务互依性这个描述工作特征社会属性的前因变量,一方面是由于学者们的推崇(Kiggundu,1981;Langfred,2005;Parker,2014),另一方面也是因为在当今的工作环境中,员工的工作任务往往与其他成员的工作存在或多或少的互依性。本研究探讨了任务互依性和个体特质对员工建言行为产生的共同影响作用,无论从前因变量,还是从结果变量和调节变量的选取,都在一定程度上丰富了现有工作设计理论的研究。

第四,本研究关注了人格特质的负面作用。之前的研究大多数都是探讨大五人格的正面影响,虽然关于神经质这个维度的大部分研究都是从负面角度出发,但是并不意味着其他四个维度只有正面影响却没有负面作用,应当用辩证的观点看待大五人格中的每个维度,全面地分析人格与工作行为的关系。本研究通过不同时间以及不同来源收集到的 435 份有效样本数据的实证结果发现,在高任务互依性的工作要求中,任务的顺利完成不仅取决于个体自身的努力水平,而且还依赖于团队其他成员的协作和配合程度。这对于有计划性和目标性的高尽责性个体而言,可控程度相对较弱,更容易使他们因完成工作任务的不确定性而感受到焦虑和压力,因此也更容易产生情绪耗竭。这个研究结论对大五人格理论呼吁要关注人格特质的负面作用做出了回应(Thomas,Whitman & Viswesvaran,2010;张兴贵、熊懿,2012)。

6.2.2 实践启示

首先,本研究的研究结论有助于鼓励管理实践者更好地从工作设计角度出发,思考如何调动不同特质的员工为组织发展建言献策的积极性。管理实践者能否充分调动员工的积极性,促进员工为企业的运行建言献策,已经成为事关企业生存和发展的重要问题。本文的研究结果发现,对尽责性低或者神经质高的员工而言,任务互依性对建言行为有显著正向影响;对尽责性高或者神经质低的员工而言,任务互依性对建言行为影响不大。这个研究结论可以帮助管理实践者更好地认识任务互依性的工作特征对不同特质员工建言行为的不同影响作用。

其次,本研究的研究结论有助于提高管理实践者对员工为何会产生建言行为的全面认识。本研究基于资源保存理论,从自我导向视角探讨员工建言行为的产生机制,并且提供了实证数据检验结果,发现任务互依性和尽责性会通过情绪耗竭的中介作用共同影响员工的建言行为,这个研究结论有助于帮助管理实践者理解建言行为不仅是一种基于互惠规范而产生的服务他人的行为,也有可能是一种被用作个体调节自身资源的行为。建言行为有可能是他人导向动机的,也有可能是自我导向动机的。

最后,本研究的研究结论有助于提高管理实践者对人格特质负面作用的关注。尽责性高的员工一直深受管理实践者的喜欢,因为他们具有遵守规则、克制冲动、任务和目标导向的典型特征(John & Srivastava,1999),在工作中更愿意承担责任、能够更高效地完成工作任务。本研究的研究结果显示,随着任务互依性水平的不断提高,尽责性高的员工所感知到的压力会越来越大,越容易产生情绪耗竭。这个研究结论提醒管理实践者要提高对尽责性负面作用的重视,意识到尽责性高的员工在承担更多责任、更高效完成工作任务的同时,也承受了更大的工作压力、经历了更多的情绪耗竭。管理实践者应适当地帮助尽责性高的员工缓解工作压力感,例如多与他们交流谈心、将工作要求更为明确化等。

6.3　研究局限与未来展望

6.3.1　研究局限

本研究基于资源保存理论、工作要求—资源模型以及压力的交互理论，通过构建两个被中介的调节模型，探讨了任务互依性对员工建言行为的影响机制，尽管得到了一些积极的结论，但是由于个人能力和客观条件的限制，还是存在一定的局限性。

第一，研究内容上的局限。① 本研究基于资源保存理论，从自我导向视角探讨员工建言行为的产生机制，研究结论发现任务互依性和尽责性会通过情绪耗竭的中介作用共同影响员工的建言行为。本研究虽然检验了自我导向动机的建言行为产生机制，但是并没有同时检验以往研究中提出的他人导向动机的建言行为产生机制以作为对比。实证结果显示情绪耗竭只是起到了部分中介作用，这也进一步说明未来研究可以从自我导向动机或他人导向动机探讨更多的中介机制。② 本研究虽然根据 Hampson(2012)的观点选取了大五人格中最典型的三个维度进行研究，并选择将对建言行为正向预测效果最强的一个大五人格维度（外向性）作为控制变量，检验另外两个典型的大五人格维度（尽责性、神经质）与任务互依性对建言行为的共同影响作用，但是，却忽视了对另外两个大五人格维度（宜人性、开放性）的关注。未来的研究可以考虑将大五人格的全部维度考虑到研究模型中，全面剖析不同人格特质发挥的作用。

第二，研究方法上的局限。① 大五人格测量量表的选取。本研究选择使用 Saucier(1994)开发的 Mini-Markers 对尽责性、神经质、外向性进行测量，验证性因子分析结果显示，虽然测量模型的整体拟合度达到参考标准，但是神经质第 5 个和第 8 个测量题项（N5R、N8R）以及外向性第 5 个测量题项（E5R）的标准化载荷均低于 0.4 的常用标准。造成这个结果的原因可能与本研究的调研问卷保留了原量表中的反向题项有关，也有可能与原量表本身不适合有关，这可能对本研究的研究结论，特别是对与神经质有关的假设检验结果造成一定的影响。未来的研究可以尝试将反向问题转换，或

者用其他大五人格量表取代。② 样本选择上的不足。本研究的全部数据
调研是在南京市某国有银行完成的,研究者调研了该国有银行在南京市的
大部分网点,参与问卷填写的人有网点主任和网点的普通员工。选取银行
网点作为调研对象虽然具有一定的代表性和便利性,但是为了提高研究结
论的外部效度,未来的研究可以尽可能地将问卷调研所涉及的对象扩大到
其他行业,如制造业。③ 本研究的理论模型都是个体层面的研究变量,不
存在跨层次的问题。但是由于数据收集时,是让一个网点主任同时评价多
个员工的建言行为(平均值为 7.5),来自同一主管评价的员工建言行为并
非相互独立,这可能违反传统最小二乘法回归的样本独立性假设,从而导致
有偏估计(赵可汗等,2014)。无条件模型分析结果也表明,建言行为的主管
层次方差解释比例明显[ICC(1) =.44, p=.00]。虽然在进行关于建言行
为的回归分析时,本研究采取 White 修正的聚类估计法回归既考虑了组内
的方差又修正了组间的异方差性(Rogers,1993),但是未来进行类似的研
究时,最好能够收集主管与员工一对一单独配对的数据,尽量在研究设计时
就尽可能地避免这个问题,而不是在数据分析时才去想办法解决。

6.3.2 未来展望

除了针对上述研究局限提出的若干未来展望建议之外,今后的相关研
究还可以从以下几个方面着手开展。

首先,未来研究可以进一步细化员工建言行为的类型。一方面,可以按
照 Liang & Farh(2008)的观点,将中国背景下的建言行为区分为个体针对
现状的改善而提出新的想法和建议的促进性建言,以及个体提出工作实践
中存在的问题的抑制性建言两种。Liang, Farh & Farh(2012)对 Liang &
Farh(2008)开发的 11 个题项的二维量表进行修正,删除了 1 个题项,该量
表得到了后续研究的广泛应用(Qin et al. , 2014;梁建,2014)。由于这种
分类比较新,虽然目前的研究不太多也不太深入,但初步的结论基本可以认
为促进性建言和抑制性建言的产生原因和机制是不太相同的,例如 Qin et
al.(2014)发现抑制性建言更与情绪压力高度相关。未来的研究可以沿着
工作设计理论这个视角,进一步探索工作特征对这两种不同类型建言行为
的影响作用和机制。例如,可以假设促进性建言可能更多的是一种基于互

惠规范而产生的服务他人的行为,而抑制性建言可能更多的是一种被用作个体调节自身资源的行为;前者是他人导向动机的建言行为,后者是一种自我导向动机的建言行为。另一方面,也可以根据 Van Dyne, Ang & Botero (2003)的观点,从内部动机视角将建言行为划分为基于顺从的默许型建言、基于恐惧的防御型建言、基于合作的亲社会型建言,并通过他们开发的三维量表直接对员工的建言动机进行测量。

其次,未来研究可以进一步细化任务互依性或是互依性的不同类型。一方面,可以根据任务互依性的不同类型,进行更为细化的研究。例如,任务互依性可以分为诸如销售团队式的团队成员平行地完成工作任务,团队绩效是个体绩效的简单加总的集合型互依性;诸如流水生产线式的团队成员之间执行任务是一个单向过程,每个成员在团队中扮演不同的角色并且具有事先规定好的顺序的次第型互依性;诸如篮球队式的团队成员之间执行任务需要相互依赖,成员 A 和成员 B 的工作输出互为对方的工作输入的循环型互依性;以及诸如研发团队式的成员共同诊断问题、分析问题、解决问题,共同完成工作的协作型互依性(Thompson, 1967;Van de Ven, Delbecq & Koenig, 1976)。虽然由于在实际工作中,很难将任务互依性的不同类型区分清楚,目前学者们只是在理论文章中区分了不同类型的任务互依性,但未来的研究至少可以在上述销售团队、流水生产线、篮球队、研发团队等不同类型任务互依性要求的工作团队中进行调研,通过比较分析发现不同类型的任务互依性对团队成员产生的心理或行为的不同影响。另一方面,作为工作特征社会属性的互依性,不仅包括任务上的互依,还有可能是结果上的互依,例如报酬互依。未来研究可以进一步将结果互依性加入,考察其与任务互依性的共同影响作用。

最后,未来研究可以更多地从工作设计理论视角出发,考虑工作本身特征对员工建言行为的影响作用。正如本研究一再强调的,关于建言行为影响因素的现有研究成果虽然非常丰富,但是从工作设计理论视角,探讨工作本身的特征对员工建言行为会产生怎样影响的研究却十分匮乏。本研究作为将工作设计理论引入对员工建言行为研究中的又一尝试,虽然在一定程度上丰富了已有关于建言行为影响因素的研究,但是,工作设计理论是一个涵盖多个概念的大领域,除了本研究选取的任务互依性之外,还有很多兼具理论价值和实践意义的工作特征尚未被纳入对建言行为的讨论中,例如工作反馈、工作复杂性、工作多样性、角色模糊等,未来研究可以延续本研究的这个思路,开展更多类似的研究。

6.4　本章小结

　　本章首先根据实证检验的结果,对本研究已得到实证支持的结论以及未得到实证支持的假设进行了总结和讨论,重点分析了未获得支持的假设可能产生的原因;其次,依据研究结果,阐述了本研究对理论研究的贡献之处以及对管理实践的启示意义;最后,指出本研究在研究内容和研究方法上存在的局限性,并以此为基础提出未来可能的研究方向。

参考文献

[1] Ahola, K. (2007). *Occupational burnout and health*. Helsinki, Finland: Finnish Institute Occupational Health.

[2] Aiken, L. S. & West, S. G. (1991). *Multiple regression: Testing and interpreting interactions*. Newbury Park, CA: Sage.

[3] Alarcon, G. , Eschleman, K. J. & Bowling, N. A. (2009). Relationships between personality variables and burnout: A meta-analysis. *Work Stress*, 23(3), 244 – 263.

[4] Allen, B. C. , Sargent, L. D. & Bradley, L. M. (2003). Differential effects of task and reward interdependence on perceived helping behavior, effort, and group performance. *Small Group Research*, 34 (6), 716 – 740.

[5] Allport, G. W. (1931). What is a trait of personality? *The Journal of Abnormal and Social Psychology*, 25(4), 368 – 372.

[6] Athanassiades, J. C. (1973). The distortion of upward communication in hierarchical organizations. *Academy of Management Journal*, 16(2), 207 – 226.

[7] Aubé, C. & Rousseau, V. (2005). Team goal commitment and team effectiveness: The role of task interdependence and supportive behaviors. *Group Dynamics: Theory, Research, and Practice*, 9(3), 189 – 204.

[8] Bachrach, D. G. , Powell, B. C. , Collins, B. J. & Richey, R. G. (2006). Effects of task interdependence on the relationship between helping behavior and group performance. *Journal of Applied Psychology*, 91(6), 1396 – 1405.

[9] Bakker, A. B. & Demerouti, E. (2007). The job demands-resources model: State of the art. *Journal of Managerial Psychology*, 22(3), 309 – 328.

[10] Bakker, A. B., Demerouti, E. & Sanz-Vergel, A. I. (2014). Burnout and work engagement: The JD-R approach. *Annual Review of Organizational Psychology and Organizational Behavior*, 1, 389 – 411.

[11] Barrick, M. R. & Mount, M. K. (1991). The big five personality dimensions and job performance: A meta-analysis. *Personnel Psychology*, 44(1),1 – 26.

[12] Barrick, M. R. & Mount, M. K. (1996). Effects of impression management and self-deception on the predictive validity of personality constructs. *Journal of Applied Psychology*, 81(3), 261 – 272.

[13] Barrick, M. R., Mount, M. K. & Judge, T. A. (2001). Personality and performance at the beginning of the new millennium: What do we know and where do we go next? *International Journal of Selection and Assessment*, 9(1 – 2), 9 – 30.

[14] Barry, B. & Stewart, G. L. (1997). Composition, process, and performance in self-managed groups: The role of personality. *Journal of Applied Psychology*, 82(1), 62 – 78.

[15] Bashshur, M. R. & Oc, B. (2014). When voice matters: A multilevel review of the impact of voice in organizations. *Journal of Management*, 41(5), 1530 – 1554.

[16] Bateman, T. S. & Organ, D. W. (1983). Job satisfaction and the good soldier: The relationship between affect and employee citizenship. *Academy of Management Journal*, 26(4), 587 – 595.

[17] Blau, P. M. (1964). *Exchange and power in social life.* New York: John Wiley.

[18] Bolino, M. C., Turnley, W. H. & Niehoff, B. P. (2004). The

other side of the story: Reexamining prevailing assumptions about organizational citizenship behavior. *Human Resource Management Review*, 14(2), 229 - 246.

[19] Borman, W. C. & Motowidlo, S. J. (1993). Expanding the criterion domain to include elements of contextual performance. In N. Schmitt & W. C. Borman (Eds), *Personnel selection in organizations* (pp. 71 - 98). San Francisco: Jossey-Bass.

[20] Botero, I. C. & Van Dyne, L. (2011). Employee voice behavior interactive effects of LMX and power distance in the United States and Colombia. *Management Communication Quarterly*, 23 (1), 84 - 104.

[21] Brinsfield, C. T. , Edwards, M. S. & Greenberg, J. (2009). Voice and silence in organizations: Historical review and current conceptualizations. In J. Greenberg & M. Edwards (Eds.), *Voice and silence in organizations* (pp. 175 - 202). Bingley, England: Emerald.

[22] Brockner, J. , Heuer, L. , Siegel, P. A. , Wiesenfeld, B. , Martin, C. , Grover, S. , Reed. T. & Bjorgvinsson, S. (1998). The moderating effect of self-esteem in reaction to voice: converging evidence from five studies. *Journal of Personality and Social Psychology*, 75(2), 394 - 407.

[23] Burris, E. R. (2012). The risks and rewards of speaking up: Managerial responses to employee voice. *Academy of Management Journal*, 55(4), 851 - 875.

[24] Burris, E. R. , Detert, J. R. & Chiaburu, D. S. (2008). Quitting before leaving: The mediating effects of psychological attachment and detachment on voice. *Journal of Applied Psychology*, 93(4), 912 - 922.

[25] Burris, E. R. , Detert, J. R. & Romney, A. C. (2013). Speaking up vs. being heard: The disagreement around and outcomes of

employee voice. *Organization Science*, 24(1), 22–38.

[26] Campion, M. A., Medsker, G. J. & Higgs, A. C. (1993). Relations between work group characteristics and effectiveness: Implications for designing effective work groups. *Personnel Psychology*, 46(4), 823–850.

[27] Cattell, R. B. (1943). The description of personality: Basic traits resolved into clusters. *Journal of Abnormal and Social Psychology*, 38(4), 476–506.

[28] Cattell, R. B. (1945). The description of personality: Principles and findings in a factor analysis. *American Journal of Psychology*, 58(1), 69–90.

[29] Cattell, R. B. & Eber, H. W. (1950). *The 16 personality factor questionnaire*. Champaign, Illinois: Institute for Personality and Ability Testing.

[30] Chan, S. CH. (2014). Paternalistic leadership and employee voice: Does information sharing matter? *Human Relations*, 67 (6), 667–693.

[31] Chattopadhyay, P. (1999). Beyond direct and symmetrical effects: The influence of demographic dissimilarity on organizational citizenship behavior. *Academy of Management Journal*, 42 (3), 273–287.

[32] Chiaburu, D. S., Oh, I-S., Berry, C. M., Li, N. & Gardner, R. G. (2011). The five-factor model of personality traits and organizational citizenship behaviors: A meta-analysis. *Journal of Applied Psychology*, 96(6), 1140–1166.

[33] Coffey, M. & Coleman, M. (2001). The relationship between support and stress in forensic community mental health nursing. *Journal of Advanced Nursing*, 34(3), 397–407.

[34] Cordery, J. L. & Sevastos, P. P. (1993). Responses to the original and revised job diagnostic survey: Is education a factor in responses to

negatively worded items? *Journal of Applied Psychology*, 58(1), 141 – 143.

[35] Costa, P. T. & McCrae, R. R. (1985). *The NEO personality inventory manual*. Odessa, FL: Psychological Assessment Resources.

[36] Costa, P. T. & McCrea, R. R. (1989). *Revised NEO Personality Inventory (NEO PI-R) and NEO Five – Factor Inventory (NEO-FFI)*. Odessa, FL: Psychological Assessment Resources.

[37] Courtright, S. H., Thurgood, G. R., Stewart, G. L. & Pierotti, A. J. (2015). Structural interdependence in teams: An integrative framework and meta-analysis. *Journal of Applied Psychology*, 100 (6), 1825 – 1846.

[38] Crant, J. M, Kim, T. Y. & Wang, J. (2011). Dispositional antecedents of demonstration and usefulness of voice behavior. *Journal of Business and Psychology*, 26(3), 285 – 297.

[39] Cropanzano, R. & Mitchell, M. S. (2005). Social exchange theory: An interdisciplinary review. *Journal of Management*, 31 (6), 874 – 900.

[40] Cropanzano, R., Rupp, D. E. & Byrne, Z. S. (2003). The relationship of emotional exhaustion to work attitudes, job performance, and organizational citizenship behaviors. *Journal of Applied Psychology*, 88(1), 160 – 169.

[41] Demerouti, E., Bakker, A. B., Nachreiner, F. & Schaufeli, W. B. (2001). The job demands-resources Model of burnout. *Journal of Applied Psychology*, 86(3), 499 – 512.

[42] Detert, J. R. & Burris, E. R. (2007). Leadership behavior and employee voice: Is the door really open? *Academy of Management Journal*, 50(4), 869 – 884.

[43] Detert, J. R. & Edmondson, A. C. (2011). Implicit voice theories: Taken-for-granted rules of self-censorship at work. *Academy of*

Management Journal, 54(3), 461 - 488.

[44] Detert, J. R. & Trevino, L. K. (2010). Speaking up to higher-ups: How supervisors and skip-level leaders influence employee voice? *Organization Science*, 21(1), 249 - 270.

[45] Detert, J. R., Burris, E. R., Harrison, D. A. & Martin, S. (2013). Voice flows and around leaders: understanding when units are helped or hurt by employee voice. *Administrative Science Quarterly*, 58(4), 624 - 668.

[46] Dutton, J. E. & Ashford, S. J. (1993). Selling issues to top management. *Academy of Management Review*, 18(3), 397 - 428.

[47] Edmondson, A. C. (2003). Speaking up in the operating room: How team leaders promote learning in interdisciplinary action teams? *Journal of Management Studies*, 40(6), 1419 - 1452.

[48] Eysenck, H. J. (1968). *Eysenck personality inventory*. San Diego, Calif.: Educational and Industrial Testing Service.

[49] Farh, J. L., Hackett, R. D. & Liang, J. (2007). Individual-level cultural values as moderators of perceived organizational support-employee outcome relationships in China: Comparing the effects of power distance and traditionality. *Academy of Management Journal*, 50(3), 715 - 729.

[50] Farrell, D. & Rusbult, C. (1985). Understanding the retention function: A model of the cause of exit, voice, loyalty and neglect behaviors. *The Personnel Administrator*, 30(4), 129 - 136.

[51] Fast, N. J., Burris, E. R. & Bartel, C. A. (2014). Managing to stay in the dark: Managerial self-efficacy, ego defensiveness, and the aversion to employee voice. *Academy of Management Journal*, 57(4), 1013 - 1034.

[52] Frazier, M. L. & Bowler, W. M. (2012). Voice climate, supervisor undermining, and work outcomes: A group-level examination. *Journal of Management*, 41(3), 841 - 863.

[53] Freudenberger, H. J. (1974). Staff burnout. *Journal of Social Issues*, 30(1), 159 – 165.

[54] Fried, Y. & Ferris, G. R. (1986). The dimensionality of job characteristics: Some neglected issues. *Journal of Applied Psychology*, 71(3), 419 – 426.

[55] Fuller, J. B., Marler, L. E., Hester, K. (2006). Promoting felt responsibility for constructive change and proactive behavior: Exploring aspects of an elaborated model of work design. *Journal of Organizational Behavior*, 27(8), 1089 – 1120.

[56] Gaines, J. & Jermier, J. M. (1983). Emotional exhaustion in a high stress organization. *Academy of Management Journal*, 26(4), 567 – 586.

[57] Galton, F. (1884). Measurement of character. *Fortnightly Review*, 36, 179 – 185.

[58] Gao, L., Janssen, O. & Shi, K. (2011). Leader trust and employee voice: The moderating role of empowering leader behaviors. *Leadership Quarterly*, 22(4), 787 – 798.

[59] George, J. M. & Zhou, J. (2001). When openness to experience and conscientiousness are related to creative behavior: An international approach. *Journal of Applied Psychology*. 86(3), 513 – 524.

[60] Glauser, M. J. (1984). Upward information flow in organizations: Review and conceptual analysis. *Human Relations*, 37(8), 613 – 643.

[61] Goldberg, L. R. (1981). Language and individual differences: The search for universals in personality lexicons. In L. Wheeler (Ed), *Revies of personality and social psychology* (Vol. 2, pp. 141 – 165). Beverly Hills, CA: Sage.

[62] Goldberg, L. R. (1992). The development of markers for the Big-Five factor structure. *Psychological Assessment*, 4(1), 26 – 42.

[63] Grandey, A. A. (2003). When "the show must go on": Surface acting and deep acting as determinants of emotional exhaustion and

peer-rated service delivery. *Academy of Management Journal*, 46 (1), 86 - 96.

[64] Grant, A. M. (2013). Rocking the boat but keeping it steady: The role of emotion regulation in employee voice. *Academy of Management Journal*, 56(6), 1703 - 1723.

[65] Grant, A. M. & Parker, S. K. (2009). Redesigning work design theories: The rise of relational and proactive perspectives. *Academy of Management Annals*, 3, 317 - 375.

[66] Gully, S. M., Devine, D. J. & Whitney, D. J. (2012). A meta-analysis of cohesion and performance: Effects of level of analysis and task interdependence. *Small Group Research*, 43(6), 702 - 725.

[67] Hackman, J. R. & Oldman, G. R. (1976). Motivation through the design of work: Test of a theory. *Organizational Behavior and Human Performance*, 16(2), 250 - 279.

[68] Hackman, J. R. & Oldman, G. R. (1980). *Work redesign*. Reading, MA: Addison-Wesley.

[69] Hagedoom, M., Van Yperen, N. W., Van de Vliert, E. & Bunk, B. P. (1999). Employees' reactions to problematic events: A circumplex structure of five categories of responses, and the roles of job satisfaction. *Journal of Organization Behavior*, 20 (3), 309 - 321.

[70] Halbesleben, J. R. B. & Bowler, W. M. (2007). Emotional exhaustion and job performance: The mediating role of motivation. *Journal of Applied Psychology*, 92(1), 93 - 106.

[71] Halfhill, T., Nielsen, T. M., Sundstrom, E. & Weilbaecher, A. (2005). Group personality composition and performance in military service teams. *Military Psychology*, 17(1), 41 - 54.

[72] Hampson, S. E. (2012). Personality processes: mechanisms by which personality traits "get outside the skin". *Annual Review of Psychology*, 63(1), 315 - 39.

[73] Harden, R. M. (1999). Stress, pressure and burnout in teachers: Is the swan exhausted? *Medical Teacher*, 21(3), 245 – 247.

[74] Harvey, P., Martinko, M. J. & Douglas, S. C. (2009). Causal perceptions and the decision to speak up or pipe down. In J. Greenberg & M. Edwards (Eds.), *Voice and silence in organizations* (pp. 63 – 82). Bingley, England: Emerald.

[75] Herzberg, F. (1966). *Work and the nature of man*. Oxford: World Publishing.

[76] Hirschman, A. O. (1970). *Exit voice and loyalty: Responses to decline in firm, organizations, and states*. Harvard University Press.

[77] Hobfoll, S. E. (1989). Conservation of resources: A new attempt at conceptualizing stress. *American Psychologist*, 44(3), 513 – 524.

[78] Hochschild, A. R. (1983). *The managed heart: Commercialization of human feeling*. Berkeley: University of California Press.

[79] Hough, L. M., Oswald, F. L. & Ock, J. (2015). Beyond the big five: New direction for personality research and practice in organization. *Annual Review of Organizational Psychology and Organizational Behavior*, 2, 183 – 209.

[80] Hsiung, H. H. (2012). Authentic leadership and employee voice behavior: A multi-level psychological process. *Journal of Business Ethics*, 107(3), 349 – 361.

[81] Huang, J. L., Ann Marie, R., Zabel, K. L. & Ashley, P. (2013). Personality and adaptive performance at work: A meta-analytic investigation. *Journal of Applied Psychology*, 99(1), 162 – 179.

[82] Humphrey, S. E., Nahrgang, J. D. & Morgeson, F. P. (2007). Integrating motivational, social, and contextual work design features: A meta-analytic summary and theoretical extension of the work design literature. *Journal of Applied Psychology*, 92(5),

1332 – 56.

[83] Hunton, J. E., Hall, T. W. & Price, K. H. (1998). The value of voice in participative decision making. *Journal of Applied Psychology*, 83(5), 788 – 797.

[84] Jaarsveld, D. D. V., Walker, D. D. & Skarlicki, D. P. (2010). The role of job demands and emotional exhaustion in the relationship between customer and employee incivility. *Journal of Management*, 36(6), 1486 – 1504.

[85] Jackson, S. E. & Maslach, C. (1982). After-effects of job-related stress: Families as victims. *Journal of Organizational Behavior*, 3(3), 63 – 77.

[86] Janssen, O. & Gao, L. P. (2015). Supervisory responsiveness and employee self-perceived status and voice behavior. *Journal of Management*, 41(7), 1854 – 1872.

[87] Janssen, O., Vries, T. & Cozijnsen, A. J. (1998). Voicing by adapting and innovating employees: An empirical study on how personality and environment interact to affect voice behavior. *Human Relations*, 51(7), 945 – 967.

[88] Jehn, K. (1995). A multimethod examination of the benefits and detriments of intragroup conflict. *Administrative Science Quarterly*, 40(2), 256 – 282.

[89] Jehn, K. A, Northcraft, G. B. & Neale, M. A. (1999). Why differences make a difference: A field study of diversity, conflict, and performance in work groups. *Administrative Science Quarterly*, 44(4), 741 – 763.

[90] John, O. P. & Srivastava, S. (1999). The Big Five Trait taxonomy: History, measurement, and theoretical perspectives. In L. A. Pervin & O. P. John (Eds.), *Handbook of Personality: Theory and Research* (2rd) (pp. 102 – 138). New York: Guilford.

[91] Johnson, D. W. & Johnson, R. T. (1989). *Cooperation and*

competition: Theory and research. Edina, MN: Interaction book.

[92] Judge, T. A. & Ilies, R. (2002). Relationship of personality to performance motivation: A meta-analytic review. *Journal of Applied Psychology*, 87(4), 797 – 807.

[93] Judge, T. A., Heller, D. & Mount, M. K. (2002). Five-factor model of personality and job satisfaction: A meta-analysis. *Journal of Applied Psychology*, 87(3), 530 – 541.

[94] Kiggundu, M. N. (1981). Task interdependence and the theory of job design. *Academy of Management Review*, 6(3), 499 – 508.

[95] Kish-Gephart, J. J., Detert, J. R., Trevino, L. K. & Edmondson, A. C. (2009). Silenced by fear: The nature, sources and consequences of fear at work. *Research in Organizational Behavior*, 29, 163 – 193.

[96] Lam, C. F. & Mayer, D. M. (2014). When do employees speak up for their customers? A model of voice in a customer service context. *Personnel Psychology*, 67(3), 637 – 666.

[97] Landau, J. (2009). To speak or not to speak: Predictors of voice propensity. *Journal of Organizational Culture, Communication and Conflict*, 13(1), 35 – 54.

[98] Langfred, C. W. (2005). Autonomy and performance in teams: The multilevel moderating effect of task interdependence. *Journal of Management*, 31(4), 513 – 529.

[99] Lazarus, R. S. & Folkman, S. (1984). *Stress, appraisal, and coping.* New York: Springer.

[100] Lee, R. T. & Ashforth, B. E. (1996). A meta-analytic examination of the correlates of the three dimensions of job burnout. *Journal of Applied Psychology*, 81(2), 123 – 33.

[101] LePine, J. A. & Van Dyne, L. (1998). Predicting voice behavior in work groups. *Journal of Applied Psychology*, 83 (6), 853 – 868.

[102] LePine, J. A. & Van Dyne, L. (2001). Voice and cooperative

behavior as contrasting forms of contextual performance: Evidence of differential relationship with big five personality characteristics and cognitive ability. *Journal of Applied Psychology*, 86(2), 326 – 336.

[103] Li, J. S., Wu, L. Z., Liu, D., Kwan, H. K. & Liu, J. (2014). Insiders maintain voice: A psychological safety model of organizational politics. *Asia Pacific Journal of Management*, 31(3), 853 – 874.

[104] Liang, J. & Farh, J. L. (2008). *Promotive and prohibitive voice behavior in organizations: A two-wave longitudinal examination.* Biannual Meeting of International Association for Chinese Management Research (IACMR), Guangzhou, China.

[105] Liang, J., Farh, C. I. C. & Farh, J. L. (2012). Psychological antecedents of promotive and prohibitive voice: A two-wave examination. *Academy of Management Journal*, 55(1), 71 – 92.

[106] Liden, R. C., Erdogan, B., Wayne, S. J. & Sparrowe, R. T. (2006). Leader-member exchange, differentiation, and task interdependence: Implications for individual and group performance. *Journal of Organizational Behavior*, 27(6), 723 – 746.

[107] Liden, R. C., Wayne, S. J. & Bradway, L. K. (1997). Task interdependence as a moderator of the relation between group control and performance. *Human Relations*, 50(2), 169 – 181.

[108] Lin, S. H. & Johnson, R. E. (2015). A suggestion to improve a day keeps your depletion away: Examining promotive and prohibitive voice behaviors within a regulatory focus and ego depletion framework. *Journal of Applied Psychology*, 100(5), 1381 – 1397.

[109] Liu, W., Tangirala, S. & Ramanujam, R. (2013). The relational antecedents of voice targeted at different leaders. *Journal of Applied Psychology*, 98(5), 841 – 851.

[110] Liu, W., Zhu, R. H. & Yang, Y. K. (2010). I warn you because

I like you: Voice behavior, employee identifications, and transformational leadership. *Leadership Quarterly*, 21 (1), 189 - 202.

[111] Liu, Y. , Wang, M. , Chang, C. H. , Shi, J. , Zhou, L. & Shao, R. (2015). Work-family conflict, emotional exhaustion, and displaced aggression toward others: The moderating roles of workplace interpersonal conflict and perceived managerial family support. *Journal of Applied Psychology*, 100(3), 793 - 808.

[112] MacDuffie, J. P. (2007). HRM and distributed work: Managing people across distances. *Academy of Management Annals*, 1(1), 549 - 615.

[113] MacKenzie, S. B. , Podsakoff, P. M. & Podsakoff, N. P. (2011). Challenge-oriented organizational citizenship behaviors and organizational effectiveness: Do challenge-oriented behaviors really have an impact on the organization's bottom line? *Personnel Psychology*, 64(3), 559 - 592.

[114] Marinova, S. V. , Peng, C. Y. , Lorinkova, N. , Van Dyne, L. & Chiaburu, D. (2015). Change-oriented behavior: A meta-analysis of individual and job design predictors. *Journal of Vocational Behavior*, 88, 104 - 120.

[115] Maslach, C. & Jackson, S. E. (1981). The measurement of experienced burnout. *Journal of Organizational Behavior*, 2(2), 99 - 113.

[116] Maslach, C. , Schaufeli, W. B. & Leiter, M. P. (2001). Job burnout. *Annual Review of Psychology*, 52(1), 397 - 422.

[117] Maynes, T. D. & Podsakoff, P. M. (2014). Speaking more broadly: An examination of the nature, antecedents, and consequences of an expanded set of employee voice behaviors. *Journal of Applied Psychology*, 99(1), 87 - 112.

[118] Mayo, E. (1933). *The human problems of an industrial*

civilization. New York: MacMillan.

[119] McClean, E. , Detert. J. R. & Burris, E. R. (2013). When does voice lead to exit? It depends on leadership. *Academy of Management Journal*, 56(2), 525 – 548.

[120] Milliken, F. J. , Morrison, E. W. & Hewlin, P. (2003). An exploratory study of employee silence: Issues that employees don't communicate upward and why. *Journal of Management Studies*, 40 (6), 1453 – 1476.

[121] Miner, J. B. (2003). The rated importance, scientific validity, and practical usefulness of organizational behavior theories: A quantitative review. *Academy of Management Learning and Education*, 2(3), 250 – 268.

[122] Moore, J. E. (2000). One road to turnover: An examination of work exhaustion in technology professionals. *MIS Quarterly*, 24 (1), 141 – 175.

[123] Morgeson, F. P. & Campion, M. A. (2003). Work design. In W. Borman, R. Klimoshi & D. Ilgen (Eds.), *Handbook of psychology: Industrial and organizational psychology*, (Vol. 12, pp. 423 – 452). Hoboken, NJ: John Wiley & Sons.

[124] Morgeson, F. P. & Humphrey, S. E. (2006). The work design questionnaire (WDQ): Developing and validating a comprehensive measure for assessing job design and the nature of work. *Journal of Applied Psychology*, 91(6), 1321 – 1339.

[125] Morrison, E. W. (2011). Employee voice behavior: Integration and directions for future research. *The Academy of Management Annals*, 5(1), 373 – 412.

[126] Morrison, E. W. (2014). Employee voice and silence. *Annual Review of Organizational Psychology and Organizational Behavior*, 1, 173 – 197.

[127] Morrison, E. W. & Milliken, F. J. (2000). Organizational silence:

A barrier to change and development in a pluralistic world. *Academy of Management Review*, 25(4), 706 – 731.

[128] Morrison, E. W. & Rothman, N. B. (2009). Silence and the dynamics of power. In J. Greenberg & M. Edwards (Eds.), *Voice and silence in organizations* (pp. 175 – 202). Bingley, England: Emerald.

[129] Morrison, E. W., Wheeler-Smith, S. L. & Kamdar, D. (2011). Speaking up in groups: A cross-level study of group voice climate and voice. *Journal of Applied Psychology*, 96(1), 183 – 191.

[130] Motowidlo, S. J., Borman, W. C. & Schmit, M. J. (1997). A theory of individual differences in task and contextual performance. *Human Performance*, 10(2), 71 – 83.

[131] Mount, M. K. & Barrick, M. R. (1998). Five reasons why the "big five" article has been frequently cited. *Personnel Psychology*, 51(4), 849 – 857.

[132] Muller, D., Judd, C. M. & Yzerbyt, V. Y. (2005). When moderation is mediated and mediationis moderated. *Journal of Personality and Social Psychology*, 89(6), 852 – 863.

[133] Near, J. P. & Miceli, M. P. (1985). Organizational dissidence: The case of whistle-blowing. *Journal of Business Ethics*, 4(1), 1 – 16.

[134] Nemeth, C. J, Connell, J. B., Rogers, J. D. & Brown, K. S. (2001). Improving decision making by means of dissent. *Journal of Applied Social Psychology*, 31(1), 48 – 58.

[135] Neuman, G. A., Wagner, S. H. & Christiansen, N. D. (1999). The relationship between work-team personality composition and the job performance of teams. *Group and Organization Management*, 24(1), 28 – 45.

[136] Ng, T. W. H. & Feldman, D. C. (2012). Employee voice behavior: A meta-analytic test of the conservation of resources

framework. *Journal of Organizational Behavior*, 33（2），216 – 234.

[137] Ng，T. W. H. & Feldman，D. C.（2013）. Changes in perceived supervisor embeddedness: Effects on employees' embeddedness, organizational trust, and voice behavior. *Personnel Psychology*, 66 (3), 645 – 685.

[138] Ng，T. W. H. & Feldman，D. C.（2015）. Felt obligations to reciprocate to an employer, preferences for mobility across employers, and gender: Three-way interaction effects on subsequent voice behavior. *Journal of Vocational Behavior*, 90, 36 – 45.

[139] Ng，T. W. H.，Feldman，D. C. & Butts，M. M.（2014）. Psychological contract breaches and employee voice behaviour: The moderating effects of changes in social relationships. *European Journal of Work and Organizational Psychology*，23（4），537 – 553.

[140] Nielsen，T. M.，Bachrach，D. G.，Sundstrom，E. & Halfhill，T. R. (2012). Utility of OCB: Organizational citizenship behavior and group performance in a resource allocation framework. *Journal of Management*, 38(2), 668 – 694.

[141] Nunnally，J. C. & Bernstein，I. H.（1994）. *Psychometric theory, Third edition*. New York: McGraw-Hill.

[142] Oldham，G. R.（1996）. Job design. In C. Cooper & I. Robertson (Eds.), *International review of industrial and organizational psychology* (Vol. 11, pp. 33 – 60). New York: Wiley.

[143] Oldham，G. R. & Hackman，J. R.（2010）. Not what it was and not what it will be: The future of job design research. *Journal of Organizational Behavior*, 31(2 – 3), 463 – 479.

[144] Ozer，M.，Chang，C. H. & Schaubroeck，J. M.（2014）. Contextual moderators of the relationship between organizational citizenship behaviours and challenge and hindrance stress. *Journal*

of Occupational and Organizational Psychology, 87（3），557 – 578.

[145] Parker, S. K. (2014). Beyond motivation: Job and work design for development, health, ambidexterity, and more. *Annual Review of Psychology*, 65(1), 661 – 691.

[146] Parker, S. K. & Wall, T. (1998). *Job and work design: Organizing work to promote well-being and effectiveness*. London: Sage.

[147] Parker, S. K., Wall, T. D. & Cordery, J. L. (2001). Future work design research and practice: Towards an elaborated model of work design. *Journal of Occupational and Organizational Psychology*, 74(4), 413 – 440.

[148] Paunonen, S. V. & Ashton, M. C. (1998). The structured assessment of personality across cultures. *Journal of Cross-Cultural Psychology*, 29(1), 150 – 170.

[149] Pearce, J. L. & Gregersen, H. B. (1991). Task interdependence and extrarole behavior: A test of the mediating effects of felt responsibility. *Journal of Applied Psychology*, 76(6), 838 – 844.

[150] Penney, L. M., David, E. & Witt, L. A. (2011). A review of personality and performance: Identifying boundaries, contingencies, and future research directions. *Human Resource Management Review*, 21(4), 297 – 310.

[151] Perlow, L. & Williams, S. (2003). Is silence killing your company? *Harvard Business Review*, 81(5), 52 – 58.

[152] Peterson, U., Demerouti, E., Bergström, G., Samuelsson, M., Åsberg, M. & Åke Nygren. (2008). Burnout and physical and mental health among Swedish healthcare workers. *Journal of Advanced Nursing*, 62(1), 84 – 95.

[153] Pinder, C. C. & Harlos, K. P. (2001). Employee silence: Quiescence and acquiescence as responses to perceived injustice.

Research in Personnel and Human Resources Management, 20, 331 - 369.

[154] Premeaux, S. F. & Bedeian, A. G. (2003). Breaking the silence: The moderating effects of self-monitoring in predicting speaking up in the workplace. *Journal of Management Studies*, 40 (6), 1537 - 1562.

[155] Pulakos, E. D., Arad, S., Donovan, M. A. & Plamondon, K. E. (2000). Adaptability in the workplace: Development of a taxonomy of adaptive performance. *Journal of Applied Psychology*, 85(4), 612 - 24.

[156] Qin, X., Direnzo, M. S., Xu, M. Y. & Duan, Y. L. (2014). When do emotionally exhausted employees speak up? Exploring the potential curvilinear relationship between emotional exhaustion and voice. *Journal of Organizational Behavior*, 35(7), 1018 - 1041.

[157] Ramamoorthy, N. & Flood, P. C. (2004). Individualism/collectivism, perceived task interdependence and teamwork attitudes among Irish blue-collar employees: A test of the main and moderating effects? *Human Relations*. 57(3), 347 - 366.

[158] Regts, G. & Molleman, E. (2013). To leave or not to leave: When receiving interpersonal citizenship behavior influences an employee's turnover intention? *Human Relations*, 66(2), 193 - 218.

[159] Rico, R. & Cohen, S. G. (2005). Effects of task interdependence and type of communication on performance in virtual teams. *Journal of Managerial Psychology*, 20(3), 261 - 274.

[160] Roberts, K. H. & O'Reilly, C. A. (1974). Failures in upward communication in organizations: Three possible culprits. *Academy of Management Journal*, 17(2), 205 - 215.

[161] Rogers, W. H. (1993). Regression standard errors in clustered samples. *Stata Technical Bulletin*, 3(13), 19 - 23.

[162] Rusbult, C. E., Farrell, D., Rogers, G. & Mainous III, A. G.

(1988). Impact of exchange variables on exit, voice, loyalty, and neglect: An integrative model of responses to declining job satisfaction. *Academy of Management Journal*, 31(3), 599 - 627.

[163] Saavedra, R., Earley, P. C. & Van Dyne, L. (1993). Complex interdependence in task-performing groups. *Journal of Applied Psychology*, 78(1), 61 - 72.

[164] Salgado, J. F. (1997). The five factor model of personality and job performance in the European community. *Journal of Applied Psychology*, 82(1), 30 - 43.

[165] Saucier, G. (1994). Mini-markers: A brief version of Goldberg's unipolar Big-Five Markers. *Journal of Personality Assessment*, 63 (3), 506 - 516.

[166] Schaufeli, W. B., Leiter, M. P., Maslach, C. & Jackson, S. E. (1996). The Maslach Burnout Inventory-General Survey. In C. Maslach, S. E. Jackson & M. P. Leiter (Eds.), *MBI Manual* (3rd) (pp. 19 - 26). Palo Alto, CA: Consult.

[167] Schopler, J. H. (1986). Interorganizational groups: Origins, structure and outcomes. *Academy of Management Review*, 12(4), 702 - 713.

[168] Shaw, J. D., Duffy, M. K. & Stark, E. M. (2000). Interdependence and preference for group work: Main and congruence effects on the satisfaction and performance of group members. *Journal of Management*, 26(2), 259 - 279.

[169] Shea, G. P. & Guzzo, R. A. (1987). Group effectiveness: What really matters? *Sloan Management Review*, 28(3), 25 - 31.

[170] Shirom, A., Melamed, S., Toker, S., Berliner, S. & Shapira, I. (2005). Burnout and health: Current knowledge and future research directions. In A. Anthoniou & C. Cooper (Eds.), *New perspectives in occupational health* (Vol. 20, pp. 269 - 309). London, U. K. & Athens, Greece: Wiley and Greek Universities

Publishing House.

[171] Siebert, S. E. , Kraimer, M. L. & Crant, J. M. (2001). What do proactive people do? A longitudinal model linking proactive personality and career success. *Personnel Psychology*, 54 (4), 845 – 874.

[172] Somech, A. , Desivilya, H. S. & Lidogoster, H. (2009). Team conflict and team effectiveness: The effects of task interdependence and team identification. *Journal of Organizational Behavior*, 30 (3), 359 – 378.

[173] Souba, W. , Way, D. , Lucey, C. , Sedmak, D. & Notestine, M. (2011). Elephants inacademic medicine. *Academic Medicine*, 86 (12), 1492 – 1499.

[174] Spencer, D. G. (1986). Employee voice and employee retention. *Academy of Management Journal*, 29(3), 488 – 502.

[175] Stamper, C. & Van Dyne, L. (2001). Work status and organizational citizenship behavior: A field study of restaurant employees. *Journal of Organizational Behavior*, 22(5), 517 – 536.

[176] Steiner, I. D. (1972). *Group processes and productivity*. New York: Academic Press.

[177] Stewart, G. L. & Barrick, M. R. (2000). Team structure and performance: Assessing the meditating role of intrateam process and the moderating role of task type. *Academy of Management Journal*, 43(2), 135 – 148.

[178] Takeuchi, R. , Chen, Z. J. & Cheung, S. Y. (2012). Applying uncertainty management theory to employee voice behavior: An integrative investigation. *Personnel Psychology*, 65(2), 283 – 323.

[179] Tangirala, S. & Ramanujam, R. (2008a). Employee silence on critical work issues: The cross level effects of procedural justice climate. *Personal Psychology*, 61(1), 37 – 68.

[180] Tangirala, S. & Ramanujam, R. (2008b). Exploring nonlinearity

in employee voice: The effects of personal control and organizational identification. *Academy of Management Journal*, 51 (6), 1189 – 1203.

[181] Tangirala, S., Kamdar, D., Venkataramani, V. & Parke, M. R. (2013). Doing right versus getting ahead: The effects of duty and achievement orientations on employees' voice. *Journal of Applied Psychology*, 98(6), 1040 – 1050.

[182] Taris, T. W. (2006). Is there a relationship between burnout and objective performance? A critical review of 16 studies. *Work and Stress*, 20(4), 316 – 334.

[183] Taylor, F. W. (1911). *The principles of scientific management.* New York: W. W. Norton.

[184] Tetrick, L. E., Slack, K. J., Silva, N. D. & Sinclair, R. R. (2000). A comparison of the stress-strain process for business owners and nonowners: Differences in job demands, emotional exhaustion, satisfaction, and social support. *Journal of Occupational Health Psychology*, 5(4), 464 – 576.

[185] Tett, R. P., Jackson, D. N. & Rothsterin, M. (1991). Personality measures as predictors of job performance: A meta-analytic review. *Personnel Psychology*, 44(4), 703 – 742.

[186] Thomas, J. P., Whitman, D. S. & Viswesvaran, C. (2010). Employee proactivity in organizations: A comparative meta-analysis of emergent proactive constructs. *Journal of Occupational and Organizational Psychology*, 83(2), 275 – 300.

[187] Thompson, J. A. (2005). Proactive personality and job performance: A social capital perspective. *Journal of Applied Psychology*, 90(5), 1011 – 1017.

[188] Thompson, J. D. (1967). *Organizations in action: Social science bases of administrative theory.* New York, NY: McGraw-Hill.

[189] Toker, S. & Biron, M. (2012). Job burnout and depression:

Unraveling their temporal relationship and considering the role of physical activity. *Journal of Applied Psychology*, 97 (3), 699 – 710.

[190] Troster, C. & Van Knippenberg, D. (2012). Leader openness, nationality dissimilarity, and voice in multinational management teams. *Journal of International Business Studies*, 43 (6), 591 – 613.

[191] Tucker, S. & Turner, N. (2015). Sometimes it hurts when supervisors don't listen: The antecedents and consequences of safety voice among young workers. *Journal of Occupational Health Psychology*, 20(1), 72 – 81.

[192] Turner, A. N. & Lawrence, P. R. (1965). *Industrial jobs and the worker*. Boston: Harvard University Press.

[193] Van de Ven, A. H. , Delbecq, A. L. & Koenig, R. , Jr. (1976). Determinants of coordination modes within organizations. *American Sociological Review*, 41(2), 322 – 338.

[194] Van der Vegt, G. S. & Janssen, O. (2003). Joint impact of interdependence and group diversity on innovation. *Journal of Management*, 29(5), 729 – 751.

[195] Van der Vegt, G. S. & Van de Vliert, E. (2005). Effects of perceived skill dissimilarity and task interdependence on helping in work teams. *Journal of Management*, 31(1), 73 – 89.

[196] Van der Vegt, G. , Emans, B. & Van de Vliert, E. (2000). Team members' affective responses to patterns of intragroup interdependence and job complexity. *Journal of Management*, 26 (4), 633 – 655.

[197] Van der Vegt, G. , Emans, B. & Van de Vliert, E. (2001). Patterns of interdependence in work teams: A two-level investigation of the relations with job and team satisfaction. *Personnel Psychology*, 54(1), 51 – 69.

[198] Van Dyne, L. & LePine, L. A. (1998). Helping and voice extra-role behavior: Evidence of construct and predictive validity. *Academy of Management Journal*, 41(1), 108 – 119.

[199] Van Dyne, L., Ang, S. & Botero, I. C. (2003). Conceptualizing employee silence and employee voice as multidimensional constructs. *Journal of Management Studies*, 40(6), 1359 – 1392.

[200] Van Dyne, L., Cummings, L. L. & Parks, J. M. (1995). Extra-role behaviors: In pursuit of construct and definitional clarity (A bridge over muddied waters). In L. L. Cummings & B. M. Staw (Eds.), *Research in Organizational Behavior* (Vol. 17, pp. 215 – 285). Greenwich, CT: JAI Press.

[201] Van Dyne, L., Kamder, D. & Joireman, J. (2008). In-role perceptions buffer the negative of low LMX on helping and enhance the positive impact of high LMX on voice. *Journal of Applied Psychology*, 93(6), 1195 – 1207.

[202] Vidyarthi, P. R., Anand, S. & Liden, R. C. (2014). Do emotionally perceptive leaders motivate higher employee performance? The moderating role of task interdependence and power distance. *Leadership Quarterly*, 25(2), 232 – 244.

[203] Vinchur, A. J., Schippmann, J. S., Switzer, F. S., III. & Roth, P. L. (1998). A meta-analytic review of predictors of job performance for salespeople. *Journal of Applied Psychology*, 83(4), 586 – 597.

[204] Wageman, R. (1995). Interdependence and group effectiveness. *Administrative Science Quarterly*, 40(1), 145 – 180.

[205] Wageman, R. & Baker, G. (1997). Incentives and cooperation: The joint effects of task and reward interdependence on group performance. *Journal of Organizational Behavior*, 18 (2), 139 – 158.

[206] Walumbwa, F. O. & Schaubroeck, J. (2009). Leader personality

traits and employee voice behavior: Mediating roles of ethical leadership and work group psychological safety. *Journal of Applied Psychology*, 94(5), 1275 – 1286.

[207] Walumbwa, F. O., Morrison, E. W. & Christensen, A. L. (2012). Ethical leadership and group in-role performance: The mediating roles of group conscientiousness and group voice. *Leadership Quarterly*, 23(5), 953 – 964.

[208] Wang, Q., Weng, Q. X., McElroy, J. C., Ashkanasy, N. M. & Lievens, F. (2014). Organizational career growth and subsequent voice behavior: The role of affective commitment and gender. *Journal of Vocational Behavior*, 84(3), 431 – 441.

[209] Wang, Z., Chen, Y. F. N., Tjosvold, D. & Shi, K. (2010). Cooperative goals and team agreeableness composition for controversy in china. *Asia Pacific Journal of Management*, 27 (1), 139 – 153.

[210] Wei, X., Zhang, Z. X. & Chen, X. P. (2015). I will speak up if my voice is socially desirable: A moderated mediating process of promotive versus prohibitive voice. *Journal of Applied Psychology*, 100(5), 1641 – 1652.

[211] Wharton, A. S. (1993). The affective consequences of service work: Managing emotions on the job. *Work and Occupations*, 20 (2), 205 – 232.

[212] Whitey, M. J. & Cooper, W. H. (1989). Predictive exit, voice, loyalty and neglect. *Administrative Science Quarterly*, 34 (4), 521 – 532.

[213] Whiting, S. W., Maynes, T. D., Podsakoff, N. P. & Podsakoff, P. M. (2012). Effects of message, source, and context on evaluations of employee voice behavior. *Journal of Applied Psychology*, 97(1), 159 – 182.

[214] Whiting, S. W., Podsakoff, P. M. & Pierce, J. R. (2008).

Effects of task performance, helping, voice and organizational loyalty on performance appraisal ratings. *Journal of Applied Psychology*, 93(1), 125-139.

[215] Wilmot, W. W. & Hocker, J. L. (2001). *Interpersonal conflict*. New York: McGraw-Hill.

[216] Xie, J., Song, X. M. & Stringfellow, A. (1998). Interfunctional conflict, conflict resolution, styles, and new product success: A four-culture comparison. *Management Science*, 44(12), 193-206.

[217] Xu, S., Jiang, X. T. & Walsh, I. J. (2016). The influence of openness to experience on perceived employee creativity: The moderating roles of individual trust. *The Journal of Creative Behavior*, doi: 10.1002/jocb.138.

[218] Zapata-Phelan, C. P., Colquitt, J. A., Scott, B. A. & Livingston, B. (2009). Procedural justice, interactional justice, and task performance: The mediating role of intrinsic motivation. *Organizational Behavior and Human Decision Process*, 108(1), 93-105.

[219] 陈春花、杨忠、曹洲涛等编著,《组织行为学》(第2版),机械工业出版社,2012年。

[220] 罗胜强、姜嬿,《管理学问卷调查研究方法》,重庆大学出版社,2014年。

[221] 陈基越、徐建平、黎红艳、范业鑫、路晓兰,《五因素取向人格测验的发展与比较》,《心理科学进展》,2015年第23卷第3期,第460-478页。

[222] 陈文平、段锦云、田晓明,《员工为什么不建言:基于中国文化视角的解析》,《心理科学进展》,2013年第21卷第5期,第905-913页。

[223] 杜鹏程、宋锟泰、汪点点,《创新型企业研发人员工作自主性对沉默与建言的影响——角色压力的中介作用》,《科学学与科学技术管理》,2014年第35卷第12期,第158-167页。

[224] 段锦云、凌斌,《中国背景下员工建言行为结构及中庸思维对其的影

响》,《心理学报》,2011 年第 43 卷第 10 期,第 1185 - 1197 页。

[225] 段锦云、田晓明、王先辉、孔瑜,《支持性组织氛围对员工建言行为的
影响机制及理论基础》,《心理科学进展》,2011 年第 1 期,第 13 -
18 页。

[226] 段锦云、王重鸣、钟建安,《大五和组织公平感对进谏行为的影响研
究》,《心理科学》,2007 年第 1 卷第 1 期,第 19 - 22 页。

[227] 段锦云、魏秋江,《建言效能感结构及其在员工建言行为发生中的作
用》,《心理学报》,2012 年第 44 卷第 7 期,第 972 - 985 页。

[228] 段锦云、钟建安,《进谏行为与组织公民行为的关系研究:诺莫网络视
角》,《应用心理学》,2009 年第 15 卷第 3 期,第 263 - 270 页。

[229] 郭云贵,《中国组织情境下的员工建言行为:研究述评与未来展望》,
《中国人力资源开发》,2016 年第 5 期,第 27 - 33 页。

[230] 何铨、马剑虹、Tjitra, H. H.,《沉默的声音:组织中的沉默行为》,《心
理科学进展》,2006 年第 14 卷第 3 期,第 413 - 417 页。

[231] 胡进梅、沈勇,《工作自主性和研发人员的创新绩效:基于任务互依性
的调节效应模型》,《中国人力资源开发》,2014 年第 17 期,第 30 -
35 页。

[232] 李锋、王二平,《团队作业特征研究现状与展望》,《心理科学进展》,
2008 年第 16 卷第 5 期,第 753 - 759 页。

[233] 李嘉、徐彪、李相玉、杨忠,《情绪劳动、工作倦怠与组织承诺:组织支
持感的调节作用》,《江海学刊》,2015 年第 3 期,第 215 - 220 页。

[234] 李锐,《辱虐式领导对员工沉默行为的作用机制》,《经济管理》,2011
年第 10 期,第 70 - 77 页。

[235] 李锐、凌文轻、柳士顺,《传统价值观、上下属关系与员工沉默行
为——一项本土文化情境下的实证探索》,《管理世界》,2012 年第 3
期,第 127 - 150 页。

[236] 李涛、张文韬,《人格特征与股票投资》,《经济研究》,2015 年第 6 期,
第 103 - 116 页。

[237] 梁建,《道德领导与员工建言:一个调节—中介模型的构建与检验》,
《心理学报》,2014 年第 46 卷第 2 期,第 252 - 264 页。

［238］梁建、唐京,《员工合理化建议的多层次分析:来自本土连锁超市的证据》,《南开管理评论》,2009 年第 12 卷第 3 期,第 125 - 134 页。

［239］刘宁,《团队人格特质组合对团队结果的影响研究》,《经济管理》,2011 年第 22 卷第 12 期,第 100 - 106 页。

［240］刘文彬、井润田、李贵卿、唐杰,《员工"大五"人格特质、组织伦理气氛与反生产行为:一项跨层次检验》,《管理评论》,2014 年第 26 卷第 11 期,第 141 - 151 页。

［241］刘燕、赵曙明、蒋丽,《组织中的揭发行为:决策过程及多层次的理论框架》,《心理科学》,2014 年第 37 卷第 2 期,第 640 - 647 页。

［242］邱功英、龙立荣,《威权领导与下属建言的关系:一个跨层分析》,《科研管理》,2014 年第 35 卷第 10 期,第 86 - 93 页。

［243］任国华、刘继亮,《大五人格和工作绩效相关性研究的进展》,《心理科学》,2005 年第 28 卷第 2 期,第 406 - 408 页。

［244］任婧、王二平,《互依性与团队协作》,《心理科学进展》,2007 年第 15 卷第 1 期,第 146 - 153 页。

［245］任婧、王二平,《团队互依性对团队承诺和满意度的影响》,《人类工效学》,2001 年第 17 卷第 2 期,第 1 - 4 页。

［246］石冠峰、梁鹏,《知识型员工工作自主性对建言行为的影响——领导正直度被中介的调节模型构建与检验》,《科技进步与对策》,2016 年第 33 卷第 6 期,第 135 - 141 页。

［247］唐春勇、胡培、陈宇,《中国企业员工五大人格特性与关联绩效及其维度关系的实证研究》,《软科学》,2008 年第 22 卷第 9 期,第 140 - 144 页。

［248］汪林、储小平、黄嘉欣、陈戈,《与高层领导的关系对经理人"谏言"的影响机制——来自本土家族企业的经验证据》,《管理世界》,2010 年第 5 期,第 108 - 117 页。

［249］王艳子、罗瑾琏、史江涛,《任务互依性对团队创造力影响机理研究》,《科技进步与对策》,2014 年第 31 卷第 24 期,第 146 - 150 页。

［250］魏昕、张志学,《组织中为什么缺乏抑制性进言?》,《管理世界》,2010 年第 10 期,第 99 - 109 页。

[251] 吴隆增、曹昆鹏、陈苑仪、唐贵瑶，《变革型领导行为对建言行为的影响研究》，《管理学报》，2011 年第 8 期，第 61 - 80 页。

[252] 吴维库、王未、刘军、吴隆增，《辱虐管理、心理安全感知与员工建言》，《管理学报》，2012 年第 8 卷第 1 期，第 57 - 63 页。

[253] 吴维库、余天亮、宋继文，《情绪智力对工作倦怠影响的实证研究》，《清华大学学报:哲学社会科学版》，2008 年第 S2 期，第 122 - 144 页。

[254] 谢家琳，《实证研究中的问卷调查法》，陈晓萍、徐淑英、樊景立，《组织与管理研究的实证方法(第二版)》，北京大学出版社，2012 年，第 189 - 210 页。

[255] 姚若松、陈怀锦、苗群鹰，《公交行业一线员工人格特质对工作绩效影响的实证分析——以工作态度作为调节变量》，《心理学报》，2013 年第 45 卷第 10 期，第 1163 - 1178 页。

[256] 张莉、林与川、张林，《工作不安全感与情绪耗竭:情绪劳动的中介作用》，《管理科学》，2013 年第 26 卷第 3 期，第 1 - 8 页。

[257] 张伟雄、王畅，《结构方程模型》，陈晓萍、徐淑英、樊景立，《组织与管理研究的实证方法(第二版)》，北京大学出版社，2012 年，第 395 - 418 页。

[258] 张兴贵、熊懿，《工作与组织情境中的人格研究:回顾与展望》，《心理科学》，2012 年第 35 卷第 2 期，第 424 - 429 页。

[259] 张正堂、刘颖、王亚蓓，《团队薪酬、任务互依性对团队绩效的影响研究》，《南开管理评论》，2014 年第 17 卷第 3 期，第 112 - 121 页。

[260] 赵可汗、贾良定、蔡亚华、王秀月、李珏兴，《抑制团队关系冲突的负效应:一项中国情境的研究》，《管理世界》，2014 年第 3 期，第 119 - 130 页。

[261] 钟建安、段锦云，《"大五"人格模型及其在工作与组织心理学中的应用》，《心理科学进展》，2004 年第 12 卷第 4 期，第 578 - 583 页。

[262] 周浩、龙立荣，《基于自我效能感调节作用的工作不安全感对建言行为的影响研究》，《管理学报》，2013 年第 10 卷第 11 期，第 1604 - 1610 页。

[263] 周建涛、廖建桥，《能者多言:员工建言的一个权变模型》，《管理学

报》,2013 年第 10 卷第 5 期,第 685－692 页。

［264］周建涛、廖建桥,《权力距离导向与员工建言:组织地位感知的影响》,《管理科学》,2012 年第 25 卷第 1 期,第 35－44 页。